"道路交通安全智能化管控关键技术与集成示范"项目技术丛书
课题一 高速公路行车条件提升关键技术及装备研发

在用护栏安全性能评价方法及提升技术

李 勇 贾 宁 王成虎 张宏松 编著

人民交通出版社股份有限公司
China Communications Press Co.,Ltd.

内 容 提 要

本书结合国家科技行动计划项目的部分研究方法和成果,提供了在用 A 级波形梁护栏安全性能评价方法和安全性能提升技术的实例,主要内容包括绪论、实车足尺碰撞与计算机模拟技术、在用户护栏安全性能评价方法、在用 A 级波形梁钢护栏应用关键参数对防护性能的影响、不利基础条件下波形梁护栏的设计实例和在用波形梁钢护栏提升方案实例。

本书可供交通运输工程领域特别是从事交通安全教学、科研、管理的人员及交通工程、交通运输、土木工程、市政工程专业高年级本科生、研究生参考。

图书在版编目(CIP)数据

在用护栏安全性能评价方法及提升技术/ 李勇等编著. —北京:人民交通出版社股份有限公司,2017.12
ISBN 978-7-114-14219-2

Ⅰ.①在… Ⅱ.①李… Ⅲ.①道路—防护—栏杆—产品安全性能—研究 Ⅳ.①U417.1

中国版本图书馆 CIP 数据核字(2017)第 239063 号

书　　名:在用护栏安全性能评价方法及提升技术
著　作　者:李　勇　贾　宁　王成虎　张宏松
责任编辑:戴慧莉
出版发行:人民交通出版社股份有限公司
地　　址:(100011)北京市朝阳区安定门外外馆斜街 3 号
网　　址:http://www.ccpress.com.cn
销售电话:(010)59757973
总　经　销:人民交通出版社股份有限公司发行部
经　　销:各地新华书店
印　　刷:北京市密东印刷有限公司
开　　本:787×1092　1/16
印　　张:9.25
字　　数:199 千
版　　次:2017 年 12 月　第 1 版
印　　次:2017 年 12 月　第 1 次印刷
书　　号:ISBN 978-7-114-14219-2
定　　价:42.00 元

(有印刷、装订质量问题的图书由本公司负责调换)

丛书编委会名单

主任委员 吴德金
副主任委员 张劲泉 胡 滨
主　　编 李爱民 周荣贵
编　　委（按姓氏笔画排序）
　　　　　　万娇娜　马　亮　王　琰　刘会学
　　　　　　刘建蓓　孙　剑　李长城　李　勇
　　　　　　李　健　李　琳　吴京梅　张　帆
　　　　　　张铁军　张高强　陈亚莉　陈祥辉
　　　　　　陈　瑜　邵毅明　罗　青　周　宏
　　　　　　房　锐　项乔君　胡江碧　胡　钢
　　　　　　柳本民　钟连德　侯德藻　姜　明
　　　　　　贺玉龙　郭　艳　郭　敏　唐琤琤
　　　　　　矫成武　焦圣明　燕　科

丛书前言

自人类进入汽车社会以来,道路交通事故就如影随形,道路交通安全问题已经成为当今世界一个严重的社会问题。为了遏制道路交通事故的发生,降低道路交通事故的危害,人类做出了不懈的努力。进入21世纪,国际社会对道路交通安全问题愈发重视,在全球范围内掀起了提高道路交通安全性的新高潮。但是遏制道路交通事故发生、缓解道路交通安全压力仍是一项长期、漫长和艰巨的任务。

高速公路是公路交通运输系统的"大动脉",承担了我国70%以上的公路运输交通量,已成为我国综合交通运输系统的重要组成部分。然而随着高速公路的迅速发展,高速公路交通安全状况不容乐观。一是事故死亡占比较大,根据公安部发布的统计数据,2014年我国高速公路事故死亡人数占比达到了9.71%。二是事故率和死亡率仍然较高,2014年亿车公里事故率和死亡率分别为1.8和1.3,虽然低于普通国、省干线公路,但近年来有所上升,且仍远高于发达国家。与高等级公路相比,低等级公路数量大、覆盖面广,是农民群众出行的主要通道,甚至是唯一途径,对促进地区发展和农民出行有着极其重要的作用。低等级公路事故总量占比不高,但重特大事故比例较大。统计数据显示,2010至2014年一次死亡10人以上的特大交通事故中,41.52%发生在低等级公路上。随着我国机动化进程的不断加快,机动车数量和居民人均出行量进一步快速增长,改善道路交通安全的压力和难度仍在增大。

交通安全是道路交通研究永恒的主题,科技进步和新技术应用则是解决道路交通安全问题的重要手段。由科技部、公安部、交通运输部三个部委联合组织实施的《国家道路交通安全科技行动计划》一期项目"重特大道路交通事故综合预防与处置集成技术开发与示范应用"已于2012年正式通过验收,项目形成了大量具有先进性和实用性的研究成果,示范效果明显,示范路网内事故数平均下降了20.1%,重特大事故数降幅为21.4%,死亡人数平均降幅27%。正是基于此,2014年国家又启动了《国家道路交通安全科技行动计划》二期项目"道路交通安全智能化管控关键技术与集成示范",其目标是在一期的基础上,利用传感网、大数据研判等先进信息技术,围绕道路交通安全的主要矛盾和突出问题,打造安全、有序的高速公路交通行车环境,实现交通行为全方位有效监管,促进重点驾驶人安全驾驶行为和习惯的养成、交通秩序根本性好转,全面提升重特大交通事故的主动防控能力。在低等级公路上重点制订低成本安全设施改善方案和设施安全规范,遏制重特大事故发生。

课题一《高速公路行车条件提升及装备研发》、课题六《低等级公路安全防控关键技术研发与集成示范》是"道路交通安全智能化管控关键技术与集成示范"的重要组成部分。课题一根据高速公路行车条件提升的长期需求和国内外交通安全技术的发展,充分分析我国高速公路交通安全的现状和特点,通过自主创新和高速公路行车条件提升技术的集成应用,研发高速公路设施风险动态评估技术及系统,研究连续下坡等高风险路段以及大雾冰雪等不利行车条件下的安全预警、智能诱导、设施处置和装备应用等一系列主被动安全提升技术,重点完善安全防护设施可靠性设计和研发以及指路标志系统性设计等关键技术,并从车路适应的角度,提出车辆运行安全技术条件,形成综合安全保障技术体系,全面提升高速公路行车环境。在此基础上形成一系列标准、规范和技术指南,并应用于全行业。课题六重点针对安全问题突出的低等级公路以及农村客运,形成涵盖设计、运营、管理以及高风险路段安全提升等领域的路网、路段两级交通安全防控技术体系,形成适合低等级公路使用的安全防控成套技术,有效遏制重特大交通事故多发态势,综合提升低等级公路的安全保障水平。

在科技部、公安部和交通运输部三部委的高度重视下,调动了在各相关方向有专长的科研单位、大学、企业及行业管理单位等30余家单位的400余位研究人员,共同参加《高速公路行车条件提升及装备研发》《低等级公路安全防控关键技术研发与集成示范》两个课题研究、示范工程建设及标准规范制修订工作,取得了丰富的研究成果,并通过"产、学、研、用"相结合的方式,保证研究成果达到了"实际、实用、实效"的要求。本丛书是对《高速公路行车条件提升关键技术及装备研发》《低等级公路安全防控关键技术研发与集成示范》课题部分成果的总结,是"国家道路交通安全科技行动计划"项目的重要成果之一。本丛书涉及公路风险评估、道路交通流理论与运行管理、道路交通安全设计、在用护栏评价与再利用、低等级公路交通安全综合处置以及农村客运安全发展等方面。

丛书将为公路行业的运营管理及交通安全改善工作提供指导,有助于进一步提升高速公路和低等级公路的交通安全保障能力,具有重要的指导意义和实用价值。

丛书在编写过程中,得到了交通运输部总工程师周伟,交通运输部公路局李华,交通运输部科教司庞松,交通运输部公路科学研究院王笑京、何勇、牛开民、傅宇方等领导的鼎力支持,得到了陈永耀、王彦卿、姜廷顺、杨新苗、邵春福、冯明怀、刘浩学、韩凤春和夏方庆等专家的热情指导,交通运输部公路科学研究院等30余家课题参加单位领导、同仁给予了大力配合,在此表示衷心感谢!书中参阅了大量的国内外文献,引述文献已尽量予以标注,但难免存在疏漏,在此对各文献作者一并致谢!

交通作为人民群众日常生活和国民经济运行的基本支撑,交通安全是一项长期和艰巨的工作,希望通过大家的共同努力,为我国交通安全事业的发展贡献微薄之力。

前　言

1988 年我国大陆第一条高速公路建成通车，实现高速公路零的突破。到 2016 年年底，我国高速公路通车总里程突破 13 万 km，居世界第一。但是，我国目前仍处在交通事故的高发期，交通事故死亡人数仍然很大。交通安全设施作为保障交通安全的最后一道屏障，其作用不言而喻。

近 30 年，随着我国国民经济的快速发展，交通量、交通流、交通组成等因素发生了巨大的变化，历经《高速公路交通安全设施设计及施工技术规范》(JTJ 074—1994)和《公路交通安全设施设计规范》(JTG D81—2006)两个阶段规范所建成的交通安全设施系统是否依然适应目前的交通出行需求，存在较大的疑问。因此，国家科技支撑计划针对这一问题进行了专项研究。本书依托国家科技支撑计划课题"道路交通安全智能化管控关键技术与集成示范"课题一——"高速公路行车条件提升关键技术及装备研发（课题编号：2014BAG01B01）"中的部分研究方法和成果撰写，为大量在用护栏（A 级波形梁钢护栏）的安全性能评价和性能提升、工程设计和施工建设提供参考。

全书共分为 6 章，第 1 章介绍了我国道路交通安全现状和研究进展，以及国内外在用护栏安全性能评价方法和提升技术，分析目前在用护栏所存在的问题和解决问题的方法及思路；第 2 章介绍了用于本项目研究的两个工具和技术，即实车足尺碰撞技术和计算机模拟技术，让读者初步了解研究的方法和基本概念；第 3 章介绍了在用护栏安全性能的评价方法，并用实际案例说明评价方法和流程；第 4 章对影响护栏安全性能的关键参数逐一进行分析和说明，让读者了解各个因素对护栏整体安全性能的影响和危害；第 5 章以 3 种不利基础条件的处理方法为实例，通过实车足尺碰撞试验进行结论的验证；第 6 章总结了 4 种在用 A 级波形梁钢护栏的提升方案实例，并通过实车足尺碰撞试验进行结论的验证。

本书由李勇负责统稿。李勇、张宏松撰写第 1 章和第 2 章；杨曼娟、贾宁撰写第 3 章；张宏松、李萌撰写第 4 章；王成虎、卜倩淼、周志伟、于海霞撰写第 5 章和

第6章。相关课题的研究和本书的撰写得到了唐琤琤、周荣贵、侯德藻等的细心指导和大力协助，在此表示衷心的感谢。在撰写本书的过程中也参考了大量的文献，在此向文献的作者致谢。

由于编著者水平有限，书中难免会有欠缺和错误，恳请读者和专家予以指正。

编著者
2017 年 7 月

目 录

第1章 绪论 /1
1.1 我国道路交通安全现状 ··· 1
1.2 我国道路交通安全研究进展 ··· 2
1.3 国内外在用护栏安全性能评价方法及提升技术简介 ····························· 4
1.4 开展在用护栏安全性能评价方法及提升技术研究的意义和内容 ················· 9

第2章 实车足尺碰撞与计算机模拟技术 /11
2.1 实车足尺碰撞技术 ·· 11
2.2 计算机模拟技术 ·· 17

第3章 在用护栏安全性能评价方法 /33
3.1 可靠性设计方法与安全裕度研究 ·· 33
3.2 护栏安全裕度研究示例 ··· 34
3.3 护栏可靠性设计方法示例 ··· 42
3.4 基于护栏可靠性设计方法的在用波形梁护栏安全性能评价方法研究 ··········· 45

第4章 在用A级波形梁钢护栏应用关键参数对防护性能的影响 /53
4.1 在用波形梁护栏材料力学性能分析 ·· 53
4.2 应用关键因素对护栏安全性能的影响 ·· 67

第5章 不利基础条件下波形梁护栏的设计实例 /78
5.1 路侧土路肩和中央分隔带压实度测试 ·· 78
5.2 路侧土路肩50cm宽的波形梁护栏的处理方法 ································· 79
5.3 路侧土路肩75cm宽，土压力不足的波形梁护栏的处理方法 ···················· 86
5.4 中央分隔带种植土土压力不足的波形梁护栏的处理方法 ······················· 93

第6章 在用波形梁钢护栏提升方案实例 /100
6.1 074 A级4m间距波形梁钢护栏提升至D81 A级 ································ 100
6.2 074 A级2m间距波形梁钢护栏提升至D81 A级 ································ 108
6.3 D81 A级4m间距波形梁钢护栏提升至D81 SB级 ······························ 114
6.4 D81 A级2m间距波形梁钢护栏提升至D81 SB级 ······························ 122

参考文献 /131

第 1 章 绪 论

1.1 我国道路交通安全现状

近年来,随着经济的快速发展和机动化水平的快速提高以及车流、人流、物流的高度叠加,我国道路交通事故总量持续快速增长。2015年,全国共接报道路交通事故741.9万起,同比增加64.9万起,上升9.8%,主要是由于适用简易程序处理的道路交通事故的增长所造成的,而涉及人员伤亡的道路交通事故起数、死亡人数、受伤人数、直接财产损失同比分别下降4.6%、0.9%、5.7%和3.6%。以2015年为例,全国涉及人员伤亡的道路交通事故从2003年的66.75万起下降到18.78万起,死亡人数从10.44万人下降到5.80万人,万车死亡率从10.81下降到2.08,10万人口死亡率由8.08降至4.22。特别是2013年1月公安部123号部令实施后,全国公安交通管理部门加大对交通违法行为的管控查处力度,部分严重交通违法行为明显减少。例如2013年第一季度,全国因超速行驶肇事导致的事故死亡同比下降74%,因酒后驾驶肇事导致的事故死亡同比下降37.9%。虽然我国近年来道路交通安全取得了巨大成绩,国道网、高速公路亿车公里事故率和死亡率均呈明显的下降趋势,但与发达国家相比,我国的交通事故发生率和死亡率仍然较高,交通安全总体形势不容乐观。例如,2014年我国交通事故万车死亡率为2.08,而美国只有1.21,英国为0.49,德国为0.61,法国为0.80,日本为0.50。

通过对我国交通事故的分析可以发现,高速公路、低等级公路上的事故发生比例偏高。分析表明:2005—2012年发生的一次死亡10人以上交通事故中,约37%是发生在三级以下的低等级公路上,约24%发生在高速公路上;2015年一次死亡10人以上交通事故中,约50%是发生在三级及以下的低等级公路上,约33.3%发生在高速公路上。一次死亡10人以上的特大交通事故的事故形态多样,包括:正面碰撞、侧面碰撞、对向刮擦、翻车、碾压、碰撞行人、撞固定物、追尾、失火、爆炸、坠车等。其中,尤以坠车(包括坠崖、坠河、坠沟、坠桥等事故形态)事故发生起数最多。2005—2015年一次死亡10人以上的坠车特大道路交通事故,占该类事故总数一半左右,2015年,坠车事故比例达到了58.3%。坠车加重了道路交通事故的严重程度,极易导致人员的群死群伤。因此,在遏制群死群伤事故工作中,应把预防坠车事故作为其中一项重要内容。同时,坠车事故高发也从一个侧面说明了部分路段路侧防护设施缺乏或防护等级不足。

2015年在引发重特大事故的各种原因中,因超速行驶、操作不当、违法装载、违法超车、逆向行驶、未按规定让行、酒后驾驶、疲劳驾驶等机动车违法原因导致的事故比率占到了87.03%。针对机动车违法行为,我国道路安装了大量的摄像头、卡口、测速仪等执法监控设备,但沿路覆盖率偏低,存在着大量的监控盲区,因此难以实现对车辆,特别是重点营运车辆的在途全程监控。此外,我国道路交通科学管理的理念、机制、手段、方法,以及管理人员的素质、能力还不适应经济社会发展的需要,特别是交通安全管理警力不足问题比较突出。因此,目前在道路上的执法手段非常有限,并且在一定程度上也存在着以罚代管的现象,难以对驾驶人违法行为形成直接有效的干预,导致违法行为发生率居高不下。

此外,我国道路交通事故致死率较高。根据公安部发布的我国道路交通事故统计数据计算,2010—2014年我国道路交通事故致死率分别为5.60%、5.15%、5.00%、4.50%和4.25%。虽然我国道路交通事故致死率近5年来明显下降,但仍远高于发达国家。以2011年为例,美国道路交通事故致死率为1.44%,英国仅为0.93%。我国道路交通事故致死率远高于发达国家的现实反映出我国交通事故应急救援与医疗救护水平不能满足道路交通事故救援需求,与发达国家相比差距较大,其结果直接导致了交通事故伤者错过最佳治疗时间而致死或致残。

通过对我国道路交通安全现状及事故原因分析可以发现,为了有效降低事故率和死亡率,必须通过主动有效的交通安全管理和服务,来规范驾驶行为、整顿行车秩序、提升管理水平、提高救援效率,同时通过开展系统的科学研究,并将研究成果应用于我国道路交通安全改善实际工程中,为我国道路交通安全形势的持续改善提供重要的技术保障。

1.2 我国道路交通安全研究进展

科学研究是快速改善道路交通安全的催化剂,其对道路交通安全的改善起支撑和引领作用。改革开放初期,受社会经济的限制,交通安全没有受到应有的关注,相关研究工作比较薄弱。随着改革的逐步深化,交通安全越来越受到社会的广泛关注。在采取加强法律建设、加大执法力度、宣传教育和工程治理等措施减少交通事故之外,应用科技改善道路交通安全的重要性日益显现,通过科技改善道路交通安全形势的需求愈加强烈。

《国家中长期科学和技术发展规划纲要(2006—2020年)》将"交通运输安全与应急保障"作为交通运输业的优先主题之一。《公路水路交通中长期科技发展规划纲要(2006—2020年)》也将"交通安全保障技术"作为重点领域。2006年,"综合交通运输系统与安全技术"首次进入国家"863计划"。2008年2月,科技部、公安部和交通部三部委联合启动"国家道路交通安全科技行动计划"。该计划围绕人、车、路等影响道路交通安全的因素,开展交通安全领域关键技术研发,并组织实施示范工程。2013年,公安部、科技部和交通运输部三部委在2008年"国家道路交通安全科技行动计划"项目的基础上继续启动了"国家科技支撑计划"项目"道路交通安全智能化管控关键技术与集成示范"。交通部西部交通建设科技项目也对道路交通安全研究提供了强有力的支持,为道路交通安全提供了技术保障。我国道路交通安全研究从无到有,取得了巨大的发展。

"重特大道路交通事故综合预防与处置集成技术开发与示范应用"作为"国家道路交通安全科技行动计划"的系统研究项目,围绕着以多车道设计和防护、智能控制为特征的高速公路安全和服务技术,以低成本防护设施开发为重点的山区公路被动安全保障技术,着眼于安全性能检测和准入标准的营运车辆安全提升技术,以交通安全宣传教育手段创新、执法装备开发为核心的全民交通意识和行为提升技术,区域公路网交通安全态势评估及应急指挥技术等主要方面,集成了行业内外众多资源、人才和研究成果,开展了有重点、有成效的研究开发、应用示范和成果推广工作。

截至2012年年底,"重特大道路交通事故综合预防与处置集成技术开发与示范应用"项目共开发道路交通安全风险评估系统、路侧安全防护设施、新型交通安全宣教设备、交通安全执法装备、区域公路网交通安全应急指挥联动平台等软硬件系统180项;已获得国内发明专利11项,其他专利授权53项,软件著作权234项,另有99项专利正在申请过程中。依托项目成果制定道路交通安全相关国家和行业标准21项,修订相关国家和行业标准22项,并支持了30余项相关标准条款的修订。通过项目的实施,共建立了20多个以体验、互动为主要特点的交通安全宣传教育基地,建设完成示范工程、试验基地、中试线、生产线85项,示范工程覆盖江苏、浙江、云南、贵州等17个省(自治区、直辖市),示范道路里程达11400多公里,初步构建了我国道路交通安全技术支撑体系。

"重特大道路交通事故综合预防与处置集成技术开发与示范应用"项目的成果已经得到了广泛的推广应用。公路交通安全风险评估系统已在安徽、贵州、云南、陕西、湖南、山东、浙江、河南等省份应用,为针对性地开展交通安全改善工作提供了基础和依托;多种低造价、高性价比的安全防护设施已在佛开高速公路、京津塘高速公路、云贵川渝部分山区公路得到应用,路侧严重事故得到明显遏制;公路交通安全评价技术在全国得到普遍应用;交通事故处理装备已列入全国公安重点装备项目,经费预算由转移支付资金和同级财政配套资金全额保障;2014年以来,各地公安交管部门加大机动车缉查布控系统建设力度,并取得了阶段性进展,开始发挥规模作用。到2015年年底,完成了全国60%以上的地市交通安全宣传教育科技成果推广应用。通过"重特大道路交通事故综合预防与处置集成技术开发与示范应用"项目成果的推广应用,有效地促进了示范路段乃至全国道路交通形势的好转,项目成果应用路段一般以上交通事故率平均降低了23.3%,群死群伤事故率平均降低了33.1%。

"重特大道路交通事故综合预防与处置集成技术开发与示范应用"项目整体上属于被动安全预防技术、普遍适用的服务、独立运作的系统和分散孤立的示范,缺乏对导致重特大事故的主要肇事群体——客货营运驾驶人采取更为有效、更有针对性的管控和预防措施,缺乏对各类交通安全监测监管信息的主动感知、传递及有机融合研究,无法有重点地为监管部门和驾驶人提供统一的防控服务平台和有针对性的个性化安全服务。因此,针对道路交通安全中还存在的行车秩序不良、重特大事故发生率偏高的问题,"国家科技支撑计划"项目"道路交通安全智能化管控关键技术与集成示范"重点利用传感网、大数据分析等技术,采用综合感知、智能研判、主动管控的实现途径,建设具有示范效应的智慧安全高速样板路和安全、可持续发展的低等级样板路,大大降低该样板路的事故发生率和死亡率。并在将来以该样板路为基础,根据各地、各路段不同的特点形成符合特殊需求的多种高速公路和低等级公路智慧管控模式,在全国范围内进行推广,从而有效改善我国的行车秩序,降低事故率和死亡率。

《在用护栏安全性能评价方法及提升技术》作为"道路交通安全智能化管控关键技术与集成示范"项目中一项重要的专项研究工作,主要是在"重特大道路交通事故综合预防与处置集成技术开发与示范应用"项目成果基础上,进一步详细地研究了在用护栏的安全性能评价和性能提升技术,旨在提高在用护栏的安全防护等级,以适应目前的交通流、交通量等交通特性。

1.3 国内外在用护栏安全性能评价方法及提升技术简介

1.3.1 国内外护栏设置和设计研究

1.3.1.1 国外护栏设置和设计研究

护栏,作为公路上的主要安全设施,在世界范围内很早就受到了人们的广泛重视。国外公路交通较发达的国家,在高速公路出现的初期就着手于护栏结构的研究。

美国是开展这方面研究工作最早、最深入的国家,从1920年起就开始进行护栏的研究,几乎每个州都建有大型实车碰撞试验场,配备有先进的测试仪器设备。从1962年开始,在美国联邦公路管理局支持下,美国公路联合会组织全美相关的科研机构、高等院校、国家及各州的有关政府职能部门,开展了规模庞大的"全国高速公路合作研究计划"(National Cooperative Highway Research Program,简称NCHRP),在理论分析、模拟试验和数值计算的基础上,通过大量的实车足尺试验,对多种护栏形式、活动护栏、护栏过渡结构、护栏端头、桥梁护栏、缓冲装置、道路安全标志等安全系统进行了系统、深入的研究,制定出一系列护栏形式选择、结构设计、试验验证的标准化程序以及生产制造、运输安装和维护的规范和标准。1967年,美国公路研究委员会(Highway Research Board)发表了关于护栏、路障、标志立柱的研究报告,收录了许多W梁护栏、新型公路护栏和护栏支撑开发测试的论文。其中设定的W梁护栏的基准高度和立柱间距,现在仍在沿用;Glennon设计的保护路堤的护栏形式目前仍然在应用;Graham在护栏理论和试验领域进行了广泛的研究,制定了一些新型护栏的设计准则,包括强梁弱柱护栏、中央分隔带护栏、桥梁护栏系统、缆索护栏等。1977年,美国公路与运输协会(AASHTO)出版了《交通护栏指南》(*Guide for Selecting, Locating, and Designing Traffic Barriers*, AASHTO,1977),指南详细阐述了交通护栏问题,总结了当时关于护栏的基本理论并提出护栏设立的明确指导,主要内容包括护栏的设置条件、护栏的类型、护栏强度、安全性和可维护性、护栏选择步骤、护栏安装方法以及护栏尺寸和几何形状等。2009年,美国公路与运输协会(AASHTO)出版了交通安全设施评价规范——《安全设施评价手册》(*Manual for Assessing Safety Hardware*)。

日本于1965年开始进行公路护栏的研究,1973年在试验研究的基础上制定了第一部护栏设置纲要。1998年4月,日本道路协会颁布实施了护栏设置的新标准。新标准适应国际车辆大型化的发展趋势,强调防止重大伤害事故的重要性,提高了护栏的防护标准,将高危险路段护栏的碰撞能量由230kJ提高到420kJ和650kJ,并增加了危险路段的等级。2000年3月颁布的《车辆用防护栏标准与解说》中规定:"为了保证护栏性能的确定性,原则上要进行实车碰撞试验才行"。日本到目前为止所开发的护栏都是经过实车碰撞试验方法确认了的,满足上述性能(评价标准)要求的"标准型"护栏。

法国、俄罗斯、意大利、德国等国家在20世纪六七十年代相继开展了有关公路安全护栏方面的研究工作,建立了相应的试验设施,研究和开发了适应各自国情的护栏结构,并在不断更新、改进。

1.3.1.2　国内护栏设置和设计研究

1984年交通部公路科学研究所承担"七五"国家重点科技攻关项目"高速公路交通安全设施的研究"开始对波形梁护栏进行系统的研究,提出了适合我国国情的护栏结构形式。该结构采用厚度3mm的深波纹横梁,Z字形开口型钢立柱的形式,从1989年起在全国推广应用。

1992年中国公路工程咨询监理总公司组织有关人员对全国已通车的高速公路护栏的使用情况做了调查,据此拟定了"波形梁护栏实车碰撞试验方案",完成了我国第一次实车足尺寸碰撞试验的研究任务,建立了一整套的试验方法和设施。

1992年交通部公路科学研究所在总结全国护栏实际应用的基础上,推出了新型的变截面波形梁护栏结构形式。该结构保证了横梁的连续梁作用,并使线形更加顺适美观,造价降低。该结构形式已应用于首都机场高速公路和成渝高速公路,并作为我国公路护栏的基本结构形式列入交通行业标准,在全国推广应用。

1994年我国由交通部公路科学研究所首次制定了包含护栏相关内容的行业标准《高速公路交通安全设施设计及施工技术规范》(JTJ 074—1994),提出了护栏的设计条件、设置原则、各类护栏的构造、材料和施工规定。

国家"八五"重点科技攻关项目"高等级公路安全控制系统计算机辅助设计技术的研究与开发"采用先进的计算机图形处理技术与计算机辅助设计相结合的方法,对包括护栏在内的交通工程设施的标准化设计进行了系统的研究。

1997年交通部公路科学研究所又开发了可用于高速公路设施碰撞研究的试验手段,并编制了《高速公路护栏安全性能评价标准》,经修改完善,该标准于2004年12月由交通部发布实施,标准号为JTG/T F83-01—2004。

2000年针对高速公路交通组成中重型车和大型车比例突增的情况,由交通部组织,由交通部公路科学研究所编写了行业标准《公路三波形梁钢护栏》(JT/T 457—2001)并推广应用。

2003年交通部西部交通建设科技项目"公路陡崖峭壁护栏的开发研究"开发了适用于公路陡崖峭壁上的高速公路混凝土护栏、一般公路混凝土护栏及高速公路钢护栏。其中波形梁护栏为满足陡崖峭壁护栏防撞能力的要求,选用了座椅式混凝土基础的三波梁、H形立柱钢护栏,护栏总高度采用95cm。该项目在我国首次比较系统地提出了混凝土护栏和钢护栏的设计方法;提出的护栏碰撞力计算公式能够较好地满足设计要求;填补了我国公路陡崖峭壁护栏的空白,也为制修订有关技术规范提供了一定的科学数据。

2006年,在对护栏碰撞条件发展趋势的分析和对我国各级公路上的车辆质量、运行速度和碰撞角度实际调查的基础上,由交通部公路科学研究所主持修订的行业标准《公路交通安全设施设计规范》(JTG D81—2006)发布施行。新版规范扩充了护栏的防撞等级,由原来的A、S级扩大为B、A、SB、SA、SS五级,为各等级公路的安全运行提供了比较完善的保障。从吸收的碰撞能量来看,2006版规范的B级为70kJ,A级为160kJ,SB级为280kJ,SA级为400kJ,SS级为520kJ。高速公路一般路段至少应设置A级,桥梁路段至少应设置SB级(小桥、通道、明涵等与相邻的路基护栏相同)。以高速公路路基一般危险路段(A级)来看,与1994版规范相比,护栏的防撞能力提高了72%。

2007年,由交通部公路科学研究所主持的交通部西部交通建设科技项目"公路路侧安全评估及防护方法研究"参考国外的先进做法,结合我国公路的平纵线形、路侧环境特点,对路侧防护等级提出划分方法,整理路侧防护的成熟的防护方案,为公路路侧防护设计和管理提供支持。通过对路侧事故损失的分析,从理论上提出了一种路侧事故严重度指数的计算方法;通过事故形态的总结分析,采取经验法和类推法,找出一种适合我国的路侧事故严重度分级标准,来指导对路侧的设计;路侧安全事故严重度分级可以使安全防护设施的布设设计走向标准化,有利于设计规范化,可以减轻设计人员的布设工作,提高效率;通过对各种路侧安全措施的分析,结合使用路侧事故严重度指数的方法,深化了各种安全防护措施的设计,可以节省费用,提高防护效果。

2008年,交通部组织相关单位开展了《高速公路护栏安全性能评价标准》(JTG/T F83-01—2004)的修订工作,经过多位专家学者深入的研究及论证,交通运输部于2013年12月1日颁布实施了《公路护栏安全性能评价标准》(JTG B05-01—2013)。新标准中将护栏防护等级划分为8个等级,比原标准多3个等级(包含两个高防护等级HB级和HA级);同时增加了中央分隔带开口活动护栏、防撞垫、端头以及过渡段等结构的碰撞条件及评价标准,极大地丰富和完善了"F83标准",使我国的公路护栏安全性能评价工作达到了国际水平。

2012年,由交通运输部公路科学研究所承担的"十一五"国家科技支撑计划"重特大道路交通事故综合预防与处置集成技术开发与示范应用"课题二"山区公路网安全保障技术体系研究与示范"在护栏方面开展了下列工作:验证15种以上现有安全设施(包括路基护栏、桥梁护栏、国省干线公路上现有防撞墩等安全设施)的安全性;利用计算机模拟碰撞试验平台建立山区公路典型危险物模型,进行小客车、大客车、大货车与危险物的模拟碰撞试验,危险物模型与路侧设施参数相符,试验实时获取碰撞过程中各点的力学参数,分析碰撞过程,确定危险分级;编制山区公路路侧安全性量化分析软件;建立多车道高速公路扩建项目重要节点交通安全保障技术方法,研究开发出适合多车道高速公路交通特点和防护需求的高性能防护设施,包括活动护栏、高性能吸能护栏端头、吸能式三角端防撞垫,提出防护设施的技术指标、构造要求和设置方法。

1.3.1.3 国内外护栏设置和设计研究综合评述

护栏的开发、设计技术研究一直是国内外交通安全研究的热点。公路防护设施的结构、应用特点与交通车辆组成、车辆运行速度等参数直接相关,世界各国都会依据本国的交通特点设计防护设施结构,制订设置方法,从而形成本国独特的防护设施应用体系。总体来说,国外工程建设类护栏的研究内容全面,充分考虑了影响交通安全的各类因素;标准规范比较健全,涵盖了设计、试验和产品开发等方面;各类护栏产品品种繁多,适应了各国的交通运营环境。

我国的公路防护设施应用从1984年起步,先后经历了1994版设置体系和2006版设置体系。我国目前关于护栏的研究主要还是以工程建设类研究为主,根据我国高速公路的交通组成、车辆质量以及运营特征,侧重于设计条件、设置原则、形式选择和波形梁护栏的结构研究,护栏产品品种有限,特别是高防护等级的护栏结构,急需开展研究开发工作。

1.3.2 国内外在用护栏安全性能评价方法

1.3.2.1 国外在用护栏安全性能评价方法

国外的在用护栏安全性能评价主要通过对实际碰撞事故中护栏性能表现的观测来实

现。该项工作需要获得交警的事故记录以及公路养护部门的数据记录,并需要定期开展现场测量,判定实际发生但未报案记录的碰撞情况。美国在这方面开展了很多实践工作:1977年,Lane 对康涅狄格州的桥梁护栏系统进行了长达 2.5 年的评价,目的是观察建设过程以及监控护栏系统的安全性能。1977 年,Van Zweden 和 Bryden 对纽约在用的轻型和重型立柱护栏系统进行了评价,目的是对当时较新的轻型立柱护栏和较老的重型立柱护栏在实际碰撞事故中的表现进行比较,并发现轻型立柱护栏实际应用过程中的问题。1980 年,Carney 和 Larson 对康涅狄格州的车载式防撞垫进行了评价,目的是调查该设施的安装、移动和更换的情况,建设和维修的成本,以及维修人员对该设施的接受程度。1979 年,印第安纳州为了检验可倒伏的缆索端头的有效性,开展了一项评价项目,用以确定护栏安装是否合适、观测端头的实际使用性能以及优化端头设计,对端头的性能进行提高和完善。1980 年,Baker 在新泽西州也开展了同样的观测,收集可倒伏的缆索端头的实际碰撞数据,并于碰撞试验数据进行比较。1988 年,科罗拉多州对三种设施的性能进行了评价,分别是 3F 型端部结构、自修复护栏和改进的三波形梁护栏,评估它们在实际事故中的安全性能以及碰撞后的维修成本。1991 年,肯塔基州对多种形式的护栏端头和防撞垫的安全性能进行了评价。1993 年,北卡罗来纳州对可快速移动的中央分隔带混凝土护栏的使用情况、车辆导向性能和使用中的问题进行了评价。1994 年弗吉尼亚州开展了同样的工作。1996 年,俄亥俄州和得克萨斯州均开展了 ET-2000 护栏端头的安全性能评价工作,用于帮助优化设计,提高安全性能,降低安装难度。

综合以上多项实践工作的成果,美国在 2003 年发布了在用护栏安全性能评价指南,详细规定了数据采集和数据分析的步骤及要求。2009 年发布的安全设施性能评价手册中,也包括了在用设施性能评价的内容。

1.3.2.2 国内在用护栏安全性能评价方法

国内的在用护栏性能评价研究,主要开展实际碰撞事故中,护栏性能表现的观测,由于有较为完备的护栏设置方法作为支撑,一般不再进行在用护栏与交通防护实际需要匹配性的评价;国内的研究注重于在实际交通流环境下,重新评价护栏的防撞性能,确定是否满足需要,但仅进行了尝试性的工作,没有形成确定的方法和系统的评价体系。

1.3.2.3 国内外在用护栏安全性能评价方法综合评述

国内外主要通过实车碰撞试验来检验安全防护设施的安全性能,各国的安全防护设施均有明确的碰撞试验条件和评价标准。碰撞试验条件是基于交通流和交通事故的统计分析得到的最不利条件,而交通条件是动态变化的过程,需要通过对在用安全防护设施防护效果的检验与评价,不断对碰撞试验条件以及设施的防护功能进行检验与完善。美国的安全防护设施评价手册中规定了在用设施的评价方法,我国对于在用安全防护设施安全性能检验与评价开展的工作较少,对于评价方法与评价标准的研究不足。

1.3.3 国内外在用波形梁护栏安全性能提升技术

1.3.3.1 国外在用波形梁护栏安全性能提升技术

美国作为高速公路最发达的国家,在 20 世纪 90 年代开始进行了公路护栏再利用的研究,已经在某些方面取得了一些进展,如安全护栏木制立柱再利用问题等。在美国 2011 版《路侧设计指南》(*Roadside Design Guied*, AASHTO, 2011)中,对"护栏升级系统"进行了比较详细的论述。

根据美国交通事故统计资料,与碰撞护栏有关的死亡事故起数仅少于与碰撞电线杆和树木有关的死亡事故起数。其中一个原因是很多旧的护栏设施并不总能满足当前推荐的性能标准。旧的护栏设施通常分为两类:一类是不满足当前的结构标准,另一类是不满足当前的设计和位置标准。结构性能不足的护栏表现为采用了不符合标准的护栏或淘汰的护栏;立柱间距不适当;缺少防阻块的强柱系统;端部处理不当;横梁腐蚀;弱柱;构件遗失;过渡段处理不当等。设计或设置位置不当是指护栏在其他方面可接受,但性能有可能降低,如护栏太长或太短,不足以对障碍物或不可穿越的地形进行适当防护;护栏和防护的固定物体之间的距离小于护栏的变形距离;护栏太高或太低等。美国 2011 版《路侧设计指南》提出了建立升级需求的优先级概念,即将旧式护栏作为新建或改建公路项目的一部分来考虑。这些设施可以作为一点或系统化的改进项目的一部分来考虑更换,或与路面重铺、重修或重建(3R)工程结合起来。在各种情况下,设计人员首先应根据护栏缺陷的性质和范围、事故历史、推荐方案的成本效益分析等因素来确定需要完成的护栏升级的范围和程度,其次应依靠经验和判断来得到最优方案。如分析现有护栏连续设置的必要性、评估安装护栏的可行性等,对存在缺陷处于临界状态的护栏,是否改造应以工程判断为基础。

在该指南中,对波形梁护栏提出了一些改造的原则,但未提供具体的改造技术和方法;相对来说,对桥梁护栏的升级改造有一些具体做法,但主要是增设新的护栏。

1.3.3.2　国内在用波形梁护栏安全性能提升技术

随着高速公路道路条件、交通条件和车型组成的变化,对护栏的防护能力要求也相应提高,科学合理地改造高速公路护栏成为近几年管理人员、设计和研究人员新的任务,目前也积累了不少实践经验。2006 年,广东广韶高速公路有限公司李志锋和北京中路安交通科技有限公司郤永刚、张颖、白书锋等人通过有限元模拟方法,依托京珠南高速公路(广州至太和段)扩建罩面工程研究了原护栏加高方案的防撞性能,提出了 3 种能满足目前我国评价标准要求的波形梁护栏改造方案,适合应用于目前状况下我国的高速公路波形梁护栏改造及再利用。这 3 种方案分别为:①路侧采用 4mm 厚双波板。将路侧拆下的双波板加到路中立柱后部,即"一柱双波",后加双波板通过托架与立柱连接;②加密立柱,即增加立柱数量与防阻块;③在立柱前借助立柱套管连接螺栓增加矩形方管横梁。2008 年,河北冀星高速公路有限公司养护中心赵辉根据京石高速公路的中央分隔带护栏改造工作经验,对施工过程中出现的各种难题,提出了切实可行的解决办法,给其他高速公路的护栏改造提供了经验。2008年,河北省交通规划设计研究院马秀君、河北锐驰交通工程咨询有限公司高金虎等人以石安高速公路为例,提出内套管和外套管两种护栏立柱加高方案,对原高速公路波形梁护栏进行改造,以解决路面维修后护栏高度不足的问题。2009 年,广东广韶高速公路有限公司陈玲以广韶高速公路改扩建工程为依托,提出波形梁钢护栏改造方案,护栏通过套筒加高,外侧护栏板采用符合新规范的 4mm 板,将拆下的原护栏板与新护栏板拼接成 8 字板的形式。2010年,河北省沿海高速公路管理处刘孔杰、河北工业大学崔洪军和郗彦辉针对高速公路改造中重新罩面导致路面抬高、护栏高度降低的问题,在充分利用旧护栏的基础上,研究了一种波形梁钢护栏立柱加高的改造方案,并进行了实车碰撞试验验证。2009 年,太原高速公路有限公司刘玉柱、杨振峰等人针对高速公路桥梁护栏设防水准全面提高、现有高速公路的一些桥梁护栏的防撞能力已不能满足要求的问题,以太原东环高速公路桥梁护栏的加固改造设计为实例,对梁柱式钢护栏加固改造中的一些关键问题进行了探讨与研究。2010年,交通运输部公路科学研究院侯德藻、日照市公路局袁玉波等人设计了内侧梁柱式护栏与外侧组合式护栏相结合的、具有双层护栏结构的在用桥梁护栏改造方案,通过计算机仿真验证其防护能力达到SS级。2010年,北京中路安交通科技有限公司闫书明等人根据中央分隔带护栏开口处事故调查,得出中央分隔带活动护栏除需具备开启移动方便的使用功能外,还应具有与中央分隔带护栏同等防撞能力,在此设计理念基础上,提出一种新型防撞活动护栏结构,通过实车碰撞试验验证达到160kJ的防撞能力。2011年,北京道从交通科技有限公司邰永刚等人针对桥梁护栏和路基段护栏的过渡问题,设计了一种高度自适应护栏过渡段结构形式,可有效避免路基沉降时护栏高度不统一的问题,通过计算机仿真验证其防撞能力达到A级。以上研究和实践为护栏防护能力的升级改造积累了宝贵经验。

1.3.3.3 国内外在用波形梁护栏安全性能提升技术综述评述

由于国外发达国家大部分道路采用长寿命设计理念,道路超载现象较少,养护管理手段先进,因此路面使用寿命较长,在使用期内路面增高幅度不大,另外国外相关规范对护栏结构进行的调整幅度一般不大,因此"新规范提高护栏防撞性能等级"以及"路面增高"的情况不明显,护栏高度在运营过程中基本不变,故对护栏再利用方面的研究成果及文献很少。美国标准中一些关于护栏性能提升的规定只是主要确定了一些总体原则,并没有针对现有材料再利用的规定。

国内由于高速公路交通量增长过快或大型车辆所占比例较大等原因,原有护栏防撞能力不相适应以及因路面加铺增高等原因导致护栏工作条件发生变化而影响其功能发挥的问题已引起了业界的关注,并且开展了相关研究,取得了一些成果。但这些成果和办法只是针对个例开发,现有成果的适用范围有限,推广起来难度较大。旧护栏即使通过一些改造措施使其高度、强度等符合了相关规范要求,但其往往只针对了某一种情况下的护栏改造,没有通用性。

1.4 开展在用护栏安全性能评价方法及提升技术研究的意义和内容

1.4.1 研究的意义

护栏作为保障公路交通安全的最后一道防线,担负着减小事故车辆财产损失和保障驾乘人员的生命安全的责任。自1988年我国大陆第一条高速公路通车以来,护栏在高速公路上的使用距今已有近30年的时间。与护栏相关的第一本设计规范《高速公路交通安全设施设计及施工技术规范》(JTJ 074—1994)遵循当时的车型、车辆组成、运行速度等交通条件制定,路基护栏仅有A级和S级2个防撞等级。随着高速公路交通运行条件的不断变化,护栏的设计规范也随之修订完善,不断提高了对护栏的设计要求。2006年施行的《公路交通安全设施设计规范》(JTG D81—2006)将护栏的防撞等级增加至B级、A级、SB级、SA级、SS级5个防撞等级,在此基础上,2013年施行的《公路护栏安全性能评价标准》(JTG B05-01—

2013)进一步将护栏的防撞等级分别向下增加了 C 级,向上增加了 HB 级、HA 级,共为 8 个等级。

现阶段的交通安全现状对护栏等级要求的提高,对于高速公路的行车条件和行车安全保障水平的提升具有重要影响,同时给护栏的设计和使用提出了新的要求:

(1)在用高速公路护栏在新的交通运行环境中所表现的安全性能是否能够满足安全需求,需要提出一种方法来评价在用护栏安全性能。

(2)对于安全性能不能满足目前安全防护需求的在用护栏,急需一种切实可行的性能提升技术来解决。该技术必须充分利用旧护栏结构,以降低材料损耗并节约改造费用。

1.4.2 研究的内容

为了解决上述问题,"道路交通安全智能化管控关键技术与集成示范"项目进行了在用护栏安全性能评价方法及提升技术专项研究,主要包括以下内容。

1.4.2.1 在用护栏安全性能评价方法

综合考虑道路条件、环境条件和实际交通流条件,提出护栏碰撞条件和结构条件的变化范围,据此提出对护栏结构可靠性和安全裕度的要求。通过分析实际交通流条件和交通事故数据,研究这些关键参数的确定方法,包括对实际交通流参数的统计方法、从实际交通流参数中提取碰撞关键参数的分析方法、护栏碰撞后果评定方法等,形成在用护栏安全性能评价方法。

1.4.2.2 在用波形梁护栏结构和应用关键参数对护栏防护性能的影响

以力学分析和计算机模拟碰撞试验为手段,研究在用波形梁护栏结构和应用关键参数对防护性能的影响,主要分析在用波形梁护栏螺栓连接强度、腐蚀程度、基础条件、护栏高度四个因素对波形梁护栏结构安全防护性能的影响,评价在不同参数条件下,典型波形梁护栏结构能够达到的安全防护水平。

1.4.2.3 不利基础条件下波形梁钢护栏的设计方法

针对高速公路窄路肩、路侧土压力不足和中央分隔带土压力不足这三种实际道路环境中存在的典型不利基础条件,研究 A 级波形梁护栏的设计方法,提出设计方案,并通过计算机模拟碰撞试验和实车碰撞试验验证其安全性能。

1.4.2.4 在用波形梁钢护栏提升技术

以护栏结构可靠性和安全裕度分析为基础,研究确定在用波形梁护栏安全性能的提升方法,给出具体改造方案,包括:JTJ 074—1994 版规范 A 级、S 级波形梁护栏提升方案,JTG D81—2006 版规范 A 级波形梁护栏提升方案。提升后的护栏防护等级在原防护等级基础上提高一级,并通过计算机模拟碰撞试验和实车碰撞试验验证上述提升方案的安全性能。

本书结合"国家科技支撑计划"项目"道路交通安全智能化管控关键技术与集成示范"的部分研究方法和成果,在进行大量理论计算、计算机模拟和实车碰撞试验的前提下,总结了我国现有高速公路近 30 年来,在实际工程中波形梁护栏的应用情况和实际事故情况,综合分析了其在碰撞条件下的安全性能,以大量实际工程改造和示范项目为基础提供了在用 A 级波形梁护栏安全性能评价方法和安全性能的提升技术实例,为高速公路改扩建提供可靠的交通安全防护设施改造升级提供了可行的保障,与其他安全保障技术一起,形成综合安全保障技术体系,全面提升高速公路的行车条件。

第 2 章　实车足尺碰撞与计算机模拟技术

交通安全研究涉及的专业和方向很多,科学、合理的研究方法是科研、实际应用工作的基础。目前交通安全设施防护性能研究采用的主要方法包括实车足尺碰撞试验技术和计算机模拟仿真分析。实车足尺碰撞主要用于检验已生产出来的安全设施成品是否具备所要求的安全防护能力。检验其大变形力学特性,需要制造出实际产品(样品)后才能进行试验,具有结果直观、可靠性高等优点。但是,实车足尺碰撞试验需要付出高昂的代价,同时受时间和资金的限制,难以考虑多种解决问题的方案,从而制约了产品设计和优化。近些年,随着计算机技术的迅速发展,使得可以通过碰撞的数值分析(如有限元,多刚体分析)算法来解决这个问题。模拟数值分析能够迅速地进行参数研究或灵敏度分析,易于实现产品参数的优化设计。也就是说,比起实车足尺碰撞试验来,计算机仿真方法既省时又节省资金,不失为一种比较好的研究方法。但计算机仿真不能完全取代碰撞试验,且仿真模型的正确性还需根据试验数据来验证。目前,实车足尺碰撞试验和计算机模拟仿真是开发、验证及改进道路防撞护栏及其他道路防护设施产品的基础研究手段。

2.1　实车足尺碰撞技术

2.1.1　发展历程

实车足尺护栏碰撞试验在国外高速公路发达的国家得到了广泛的应用,试验技术已相当成熟。美国、日本、德国、法国等国家都设有专门的研究机构及永久性的大型碰撞试验场。除国家级的研究机构外,一些大学、地区性和财团支持的公路研究部门也开展各自的护栏及防护设施研究项目,并开发出多种多样的护栏结构。从 1952 年起,美国开始进行实车足尺碰撞试验,在 20 世纪六七十年代发展最为迅速。"美国全国公路合作研究计划"共进行了数百次实车足尺碰撞试验,研制出几十种护栏结构,并提供了大量的力学参数和试验结果,为护栏的标准化工作奠定了牢固的基础。美国先后制定和发布了一系列护栏碰撞试验及评价标准,包括 1974 发布的 NCHRP Report 153、1980 发布的 NCHRP Report 230、1993 年发布的 NCHRP Report 350 以及 2009 年出版的最新的《安全设施评价手册》(*Manual for Assessing Safety Hardware*,以下简称 MASH 2009)。各种护栏结构上路使用前,必须按其给定的技术条件进行试验验证,通过该文件给定的安全评价指标。欧洲和日本碰撞试验自 1965 年来一直迅速发展,并根据实车足尺碰撞试验相关方法和研究成果,分别制订了各自的技术评价标准。

目前各国采用的实车足尺碰撞试验技术基本是类似的。试验大致可如下进行:即在试验场上,按一定的技术条件安装好要试验的护栏及各种测试仪器,试验车通过加速,以一定的角度和速度在自由状态下与护栏碰撞,各种现场测试仪器(如高速摄影、摄像、电测量仪器、加速度仪器)将记录下碰撞过程中护栏系统、车辆的动态变化过程,通过分析,判断比较,给出护栏系统安全性能的客观评价。因为实车足尺碰撞试验是个很复杂的试验,许多关键的试验条件(如冲击速度、冲出角度等)难以精确控制,加上动力碰撞和材料破坏的随机性和不稳定性的影响,所以实车足尺碰撞试验不具备重复性。

因此,在资金许可的范围内,加强试验的精确性和可控性、重复性是极为重要的。此外,不同的研究机构在不同的试验场地,使用不同的测试仪器所得到的试验结果如何比较和评价,也是需要研究的。

目前,解决上述问题的方法就是试验程序标准化,即所有的研究机构应按统一的标准试验程序及试验条件进行试验,按统一的评判标准评价护栏的优劣。试验条件一般包括:护栏类型、设置方法、碰撞过程中护栏结构的变形和破坏情况、人体及车体的减加速度、车辆破损情况、碰撞后试验车运动轨迹,同时还应给出数据采集方式及测试仪器的类型及精度。对试验结果的评价标准包括:①结构余度,即护栏导向功能、破坏程度、许可位移指标等;②乘员风险,包括车辆破损、人体及车体速度、减加速度限制指标;③车辆轨迹,包括碰撞后车辆退出角度、停止距离、回弹距离等指标。

EN1317是由欧洲标准委员会(CEN)制定提出的。EN1317中不但划分了道路安全设施的种类,而且规定了各种道路安全设施的安全防护等级与对应的性能评估方法。针对欧洲道路车流中车型的不同组成,EN1317详细规定了各个级别代表车型的尺寸规格,试验车辆被大致划分为三种车型:小型车、大型客车和大型货车(HGV)。再根据整车质量把每种车型具体划分为几种规格。车辆参数中明确规定了整车质量、配重、轮距、轴距、前保险杠离地间隙、重心位置等的要求,但没有对车辆的具体几何外形做特别要求。试验中可以选择满足规定的车型或者其他通过配重达到规定要求的车辆。

NCHRP Report是由美国交通部(DOT)下属的交通研究部(TRB)与国内多个研究机构联合编写,NCHRP是"国家高速公路联合研究项目"的简称。报告中包含了对多种道路设施安全性能的评估方法与程序,指导高速公路设计工程师、安全工程师、护栏开发人员与其他关注道路安全的研究人员的工作。经过不断的修订和完善,NCHRP Report 350中所涉及的护栏安全性能试验与评价准则获得了世界各国普遍认可。NCHRP Report 350中同样规定了各个级别代表车型的尺寸规格,试验车辆被划分为四种车型:小型车、皮卡、单箱货车和大型货柜拖车。小型客车中专为紧凑型轿车设立了700C级别,而根据美国皮卡和SUV车型比例高的特点,特别设立了2000P级别的车辆。车辆参数中明确规定了整车质量、配重、轮距、轴距、前突出部分尺寸、重心位置等的要求,对车辆的具体几何外形同样没有做特别要求。随着汽车技术和高速公路的飞速发展,交通流、交通组成、运行速度等因素发生了翻天覆地的变化,NCHRP Report 350里面的试验标准已经不能适应新的变化,因此在2009年美国国家高速公路和交通运输协会(American Association of State Highway and Transportation Officials,简称AASHTO)发布了MASH 2009替代了已经使用了16年的NCHRP Report 350标准。其中 MASH 2009 对微型轿车的质量和角度,轻型载货汽车的质量等内容作出了新的规定。在 MASH 2009 中将原 NCHRP Report 350 标准中使用假人的推荐性标准删除,也就意味着不建议单独采用假人评价护栏性能。

EN 1317 与 MASH 2009 各自对护栏安全防护性能规定了不同的评估标准,评估中考虑的因素却可归为两类:一类是护栏对车辆碰撞防护的评估,另一类是护栏对乘员安全影响的评估。在护栏对车辆碰撞防护的评估中,优先考虑护栏的强度是否足够承受车辆高速撞击而不失效,保证能够使车辆维持在护栏之内,用以避免车辆冲出道路或桥梁坠入深谷等恶性事故的发生。其次,护栏的几何外形也应该重点设计,高等级护栏需要同时阻挡小型客车和重型载重车的撞击,而不同车型与护栏接触的高度存在很大差别。为防止不同类型车辆与护栏碰撞时发生骑越或者钻越护栏的现象,护栏的几何外形设计需要考虑兼容多种车辆高度。最后,根据车辆碰撞轨迹,评估护栏的部件设计结构是否合理。碰撞后要求车辆维持在原有车道,护栏需要具有很高的吸能特性并保持变形在可控制的范围内,才能更多吸收碰撞产生的能量从而有效降低碰撞对乘员的冲击损伤。同时,护栏需要具有恰当的结构刚度和可预期的部件断裂方式。这样才能保证车辆在碰撞后不产生过大的反弹,不会侵入到相邻车道,避免事故车辆对道路的其他使用者造成二次伤害。

在护栏对乘员安全影响的评估中,乘员安全风险与车辆碰撞护栏的动态响应之间的关系很难量化评定。众多重要影响因素均影响乘员损伤指标,比如乘员的体形、座椅位置、碰撞发生前的姿态、车辆约束系统、车辆内饰等的不同均会对试验结果产生显著的影响。尽管近年来在试验手段,计算机模拟技术以及假人开发方面都取得了长足的进步,这些技术无疑加强了对试验中乘员损伤的评估能力。但是由于考虑到试验成本的大幅度增加和缺乏相关研究护栏的机构对新技术进行试验中的应用检验,对 ASI 和 THIV 等伤害指标计算中存在很多的假设,比如乘员位置处于车身重心位置、忽略车辆碰撞时的偏转、乘员空间假定为 $\pm 0.3 \text{m} \times \pm 0.6 \text{m}$ 的空间等。数据均采集自车身重心处加速度信号,经过等效换算公式得到损伤指标。所以乘员伤害指标并不能直接反映实际试验对乘员的真实损伤程度,但通过纵向对各个试验中不同的 ASI 值的对比评估可得到对乘员提供更多保护的护栏。显然,在护栏评估中加入对乘员损伤的规定从根本上反映了对道路使用者的保护,但其评估指标的制定至今仍然存在诸多假设,尚需要做更多的试验来修正与改进评估方法,才能较为准确地对乘员伤害指标做出准确评估。

我国实车足尺碰撞试验技术近几年发展较快,从 1989 年开始,交通部公路科学研究所等单位开始了实车足尺碰撞技术的研究,1993 年完成了全国初步的两次实车足尺碰撞试验,主要取得了如下成果:

(1)修建了我国第一个大型的实车足尺护栏碰撞试验场,研制了一套较为完整的加速牵引导向装置。

(2)建立了一套完整可靠的数据采集系统,并开发研制了一批测试记录设备。

(3)共进行了近百次实车足尺碰撞试验,得出了一组比较合理的波形梁护栏新结构,验证了两种已上路使用的特殊形式的护栏结构。

(4)在碰撞试验的基础上,分析研究提出了护栏设计的一些指标,为补充修改高速公路交通安全设施、技术施工规范提供了重要的依据。

在这些研究试验工作的基础上,1994年交通部颁布了《高速公路交通安全设施设计及施工技术规范》(JTJ 074—1994),并在2005年进行了修订。2004年颁布了《高速公路护栏安全性能评价标准》(JTG/T F83-01—2004),并在2013年进行修订,颁布了《公路护栏安全性能评价标准》(JTG B05-01—2013)。实车足尺碰撞试验成为交通安全设施检测、研究的重要手段。

2.1.2 实车足尺碰撞技术条件

2.1.2.1 试验场地

试验场地坡度要求小于2.5%,铺设硬质路面,试验中保持路面清洁。为评估车辆碰撞的行驶轨迹,要求在碰撞点前15m及预计碰撞点后40m轨迹的范围内铺设路面。在撞击点附近要求路面清洁,尽量减少尘土,保证图像记录清晰。

2.1.2.2 试验车辆

车辆轮胎要求达到制造厂家的推荐值,车辆悬架、轮胎、转向系统等均正常。车身外侧需贴标志点以利进行数据分析。车辆的转向系统不应约束,保持车辆滑行中的方向自由。车辆配重应固定牢固,并且不应超过汽车厂商推荐的在水平和垂直平面上的质量分配平衡。

2.1.2.3 测试护栏

护栏的安装应按照护栏安装技术要求和研发目的执行。护栏长度应能满足发挥护栏整体的防护性能。碰撞点应该选择在护栏整体长度的前1/3处。碰撞点一般应选择在护栏结构较薄弱处,包括设计的敏感地带。

2.1.2.4 碰撞速度与角度的精度和误差

速度和角度的试验测量,均要在距离碰撞点小于6m的距离内测定。速度精度控制在±1%,角度精度控制在±0.5%。试验中为了避免碰撞能量产生更大的差异,速度与角度的最大误差不能同时发生。所以在速度误差的上限,角度只能允许在负差范围内变动。

2.1.2.5 车载数据采集设备

为测定ASI和THIV值,需要最低的传感器数量为4个三向加速度传感器,分别采集车辆纵向、横向和垂向的加速度值。一个角速度传感器负责采集车辆的偏转角度。在试验中,所有传感器放置在最接近车辆重心的位置。传感器与数据记录仪符合ISO6487,滤波等级采用CFC180。

传感器应该放置在车辆重心位置,然而往往因为车辆实际的物理结构造成重心位置处无法安放传感器。这种情况下,传感器的实际安装位置会与重心位置偏移一定位置。由于车辆的偏转,传感器位置的偏移会造成数据的偏差,即与重心处的实际值有较大偏差。为减少偏差,得到车辆重心处数据,可以通过加入第二组三向传感器采集的数据来修正,这两组数据经过坐标转换来推导出重心处数据。

2.1.3 我国护栏实车足尺碰撞条件及应用

2.1.3.1 基本要求

按国际通行惯例,道路上设置的每一种结构形式的护栏均应采用实车足尺护栏碰撞试验进行安全性能评价。每一种结构形式的护栏在进行实车足尺护栏碰撞试验时应分别采用小型车辆和大型车辆同时进行试验。小型车辆试验主要评价车内乘员的安全性和碰撞后的车辆运行轨迹;大型车辆试验主要评价护栏防撞性能和碰撞后护栏的最大动态变形量。试验过程中无论是小型车辆还是大型车辆,只要有一项指标不符合相关技术标准的规定,均视为不合格护栏,不能在相应路段上使用。对于同一种结构形式的护栏进行多次重复试验时,每一次试验宜用同一种车型进行试验。

试验护栏的安装按照《公路交通安全设施设计规范》(JTG D81—2006)的相关条款执行。车内乘员保护按照《实车正面碰撞乘员保护设计规则》(CMVDR294)的相关条款执行。试验仪器及二次仪表的技术要求应按照《实车正面碰撞乘员保护设计规则》(CMVDR294)的相关条款执行。车辆重心高度测量按照《汽车重心高度测定方法》(GB/T 12583—1998)的要求执行。

2.1.3.2 碰撞条件

碰撞条件是指试验车辆的总质量、试验车辆在碰撞点的碰撞速度和车辆与试验产品的碰撞角度。质量、速度、角度是碰撞条件的三大要素,因其决定了碰撞时的最重要评价参数——碰撞能量。世界各国依据其具体的交通条件,如车型及车型构成、交通事故状况及道路技术参数等,通过大量样本调查和回归分析,最终采用的碰撞条件均不一样,但也基本相差不大。我国实车碰撞试验条件依据碰撞能量将护栏标准段、护栏过渡段和中央分隔带开口护栏划分为 8 个等级,护栏端头和防撞垫划分为 3 个等级。护栏等级划分的具体内容按照《公路护栏安全性能评价标准》(JTG B05-01—2013)的相关条款执行。护栏实车足尺碰撞试验条件见表2-1、表2-2。

护栏标准段、护栏过渡段和中央分隔带开口护栏试验碰撞条件 表2-1

防护等级	碰撞车型	车辆总质量(t)	碰撞速度(km/h)	碰撞角度(°)
一	小型客车	1.5	50	20
一	中型客车	6	40	20
一	中型货车	6	40	20
二	小型客车	1.5	60	20
二	中型客车	10	40	20
二	中型货车	10	40	20
三	小型客车	1.5	100	20
三	中型客车	10	60	20
三	中型货车	10	60	20
四	小型客车	1.5	100	20
四	中型客车	10	80	20
四	大型货车	18	60	20
五	小型客车	1.5	100	20
五	大型客车	14	80	20
五	大型货车	25	60	20

续上表

防护等级	碰撞车型	车辆总质量(t)	碰撞速度(km/h)	碰撞角度(°)
六	小型客车	1.5	100	20
六	大型客车	18	80	20
六	大型货车	33	60	20
七	小型客车	1.5	100	20
七	特大型客车	25	80	20
七	大型客车	40	60	20
七	大型货车	55	60	20
八	小型客车	1.5	100	20
八	特大型客车	25	85	20
八	大型客车	40	65	20
八	大型货车	55	65	20

护栏端头和防撞垫的试验碰撞条件 表2-2

防护等级	碰撞类型	碰撞车型	车辆总质量(t)	碰撞速度(km/h)	碰撞角度(°)
一	正碰	小型客车	1.5	60	0
一	斜碰	小型客车	1.5	60	15
一	偏碰	小型客车	1.5	60	0
一	正向侧碰	小型客车	1.5	60	20
一	反向侧碰	小型客车	1.5	60	20
二	正碰	小型客车	1.5	80	0
二	斜碰	小型客车	1.5	80	15
二	偏碰	小型客车	1.5	80	0
二	正向侧碰	小型客车	1.5	80	20
二	反向侧碰	小型客车	1.5	80	20
三	正碰	小型客车	1.5	100	0
三	斜碰	小型客车	1.5	100	15
三	偏碰	小型客车	1.5	100	0
三	正向侧碰	小型客车	1.5	100	20
三	反向侧碰	小型客车	1.5	100	20

2.1.3.3 碰撞场地

试验场地应宽阔平坦,加速跑道应使试验车辆加速后达到标准要求的车速并满足速度精度要求。碰撞广场不能有积水、结冰、积雪(模拟特殊气候状况的试验除外)等。碰撞广场的长度从碰撞起点起不应小于50m。

在护栏碰撞点附件的内侧路面上及护栏的外侧应能设置可供进行图像采集的标准线和标准点。

实车足尺护栏碰撞试验不得在专用实车足尺碰撞试验场以外的场所进行。

2.1.3.4　试验车辆技术条件

（1）试验车辆应总成完整，使用时间不得超过使用年限。

（2）试验车辆的行驶系统、转向系统、悬挂系统、前后桥、底盘和轮胎气压等应符合正常行驶的技术要求。

（3）试验车辆配载应符合标准所规定的车辆总质量、整备质量和重心位置等要求，配载物应均布且与车体固定；燃料箱的燃料应用水代替，其质量应为燃料箱注满燃料时质量的 90%。

（4）试验车辆的内外应整洁，顶部与侧面应根据图像数据采集需要设置明显清晰的基准线和基准点等标识。

（5）试验前应详细检查并准确记录试验车辆的总质量、整备质量、几何尺寸、重心位置、轮胎气压和配载情况等技术参数。

2.1.3.5　车辆加速

试验车辆应用适当的方法加速到标准规定的试验车速，在碰撞前应保证 10m 以上的速度稳定行程。试验车辆在加速和运行过程中转向器应处于自由状态，不得进行锁制。试验过程中车辆的制动器踏板应处于自由状态。试验车辆加速过程中，不得损坏。牵引加速车辆在与护栏碰撞前，车辆应与牵引装置分离。自驱动车辆在与护栏碰撞前应熄火。

2.1.3.6　试验分析与结论

试验结束之后，按照标准所规定的测试项目和指标进行评价，得出所评价的设施安全性能情况，并出具检测报告，其主要内容除了包含三大功能即阻挡功能、导向功能和缓冲功能的评价之外，还要记录护栏最大横向动态变形值、护栏最大横向动态位移外延值、车辆最大动态外倾值、车辆最大动态外倾当量值供设计使用人员参考。

2.2　计算机模拟技术

系统仿真技术是利用模型对实际系统进行试验研究的过程。这里的系统是广义的，指为了达到某种目的：一组彼此互相联系的、若干要素的有机整体。系统的表示方法不是唯一的，可根据研究目的的不同采取不同类型和数量的信息来描述同一系统。模型是对系统的一种简化表示方法，即抓住一般的、抽象的、规律性的主要部分来表示系统。

科学家和工程师对实际系统行为的研究，主要运用两种方法：试验和分析。在现实生活中，有些系统并不存在，不可能在原型上作试验；或者即便实际上存在这些系统，但在这些原型系统上作试验往往太昂贵、太危险，或可能发生严重的破坏。这时仿真技术就成了十分重要，甚至必不可少的工具。

系统仿真技术近几十年，尤其是近十年来得到了很快的发展。随着计算机技术的发展，应用计算机进行系统仿真更是日益受到人们的重视。计算机仿真技术结合了试验和分析这两种方法，将分析的方法用于模拟试验：充分运用已有的基本物理原理，可建立待研究系统的数学模型；采用与实际物理系统试验相同的基本研究方法，可在计算机上运行仿真试验。

计算机仿真技术作为一种研究、开发新产品、新技术的科学手段，在航空、航天、造船、兵器等与国防科研相关的行业中首先发展起来，并显示了巨大的社会效益和经济效益。近年来,仿真技术已由军用转向了民用工业、医学、交通等国民经济的各个方面,并开始向产业化方向发展。现今的社会已进入"后工业信息时代",随着信息技术、计算机技术、系统理论、通信技术、图形图像技术的飞速发展,计算机仿真技术正以日新月异的面貌呈现在世人面前,并日益深入到人们工作和生活的各个领域,显示出其突出而奇妙的作用。

计算机仿真技术发展的趋势,主要表现在如下方面:

首先是模型的概念已广为拓展。随着计算机技术迅猛发展,计算机的符号处理能力和多媒体处理能力大大加强,已从局限于数学模型、物理模型发展到感知模型(包括语音模型、视觉模型、听觉模型、触觉模型等)和认知模型。人工智能技术、虚拟现实技术已成为计算机科学新的研究热点和应用工具。这种观念的改变将为仿真技术的研究和应用提供极富想象力的发展空间,从而对推动技术进步产生不可估量的影响。

其次是仿真技术向更广阔的时空方向发展。20世纪90年代计算机技术的一个重要发展态势就是联网化,"网络即计算机"这一概念已得到人们的普遍认同,信息高速公路的建设更使网络越来越与人们的社会生活息息相关。网络的主要作用是信息互通和跨越时空的资源共享,在这一背景下各种分布交互式仿真(DIS)系统越来越受到重视。它将远隔上千公里的仿真器和仿真系统连接在一起,可完成特定任务的协同仿真。

动力学分析中还经常用到考虑大变形的结构分析方法,可用于碰撞仿真研究。考虑大变形的结构分析方法目前一般采用动态有限元的方法,应用这种方法可进行汽车正面、顶部、侧面碰撞的仿真分析,避免实车足尺碰撞试验耗费大量时间和资金、资源的投入。同时还可预测整车防撞性能,或进行事故重建(事故再现)。能处理动态有限元问题的软件有Dyna3D、Pamcrash等,可用于汽车碰撞仿真研究。

近几十年来,我国在建模与仿真(Modeling and Simulation)方面发展迅速并取得很大成就。建模与仿真技术的应用已扩展到产品的全生命周期:方案论证、设计、制造、试验、使用、维护和训练。

2.2.1 硬件技术

2.2.1.1 硬件发展历史

1965年,英特尔(Intel)董事长戈登·摩尔在整理一份关于计算机存储器发展趋势的报告时,发现每个新芯片大体上包含其前任两倍的容量,每个芯片的产生都是在前一个芯片产生后的18~24个月内。如果这个趋势继续的话,计算能力相对于时间周期将呈指数式的上升。这就是现在的摩尔定律。但是随着CPU技术的发展,频率的飙升速度远大于了这一定律。

1982年2月,Intel发布80286处理器。时钟频率提高到20MHz,并增加了保护模式,可访问16M内存,支持1GB以上的虚拟内存,每秒执行270万条指令,集成了134000个晶体管。在经历了漫长的18年,2000年3月6日,AMD发布了人类有史以来的第一款1GHz的CPU——Thunderbird核心的Athlon处理器。仅仅过了1年半,2001年8月27日,在IDF会议上Intel发布了2.0G的CPU。随着频率的急速提升,随之而来又产生了新的问题,例如发热、功耗等,Intel的CPU最终定格在3.8G之后,再也无力提升频率,CPU的主频速度已经接近物理极限,很难再提高CPU的主频了。此时的摩尔定律不再灵验,CPU发展走到了命运的十字路口。

当单核的发展已经进入死胡同时,各CPU厂家也开始改变设计典范,未来所有微处理器皆朝多核心设计发展,传统型单一核心处理器将退居二线。关于双核心,从ALTHON64X2系列的横空出世,到现在的酷睿傲视群雄,再到双核安腾2的发布,双核心已经是目前市场的主流产品。在服务器领域,双核心处理器以其卓越的性能,更低的成本也被大多数企业接受。

在证明了整合更多核心是处理器发展的新方向后,Intel、AMD便在多核心上继续开展竞争。2006年11月,四核心XEON正式亮相,频率从1.60GHz到2.66GHz,前端总线(FSB)速度从1066MHz到1333MHz。这也标志多核时代的正式来临。从性能上来看,四核心也不负众望,在典型的服务器运行环境中,各项测试都创下了有史以来的历史纪录。例如,DELL PowerEdge 2950服务器在执行BEA JRockit Java虚拟机器时,写下SPECjbb2005每秒商业营运2100652次处理的纪录,比次佳纪录的效能提升了61%。在专门测量整数运算的SPECint_rate_base2000效能量测指标中,Fujisu Siemens的PRIMERGY TX300 S3创下2003的高分纪录,效能比之前的纪录提升了63%。HP ProLiant ML370 G5服务器,在专门评估数据库效能的TPC-C指针打破了原有的纪录,性价比在$1.85/tmpC状态下创下2407374tpmC的纪录。IBM x3650服务器在测量LS-DYNA3台车辆撞击负荷量测试时,此为重要的高效能运算(HPC)评测,为单节点效能5写下新的纪录。此外,多家OEM厂商发布破纪录的SAP-SD 2-Tier6、SPECWeb 20057、SPECfp _rate_base20008、Fluent9以及SPECapc 3dsmax Rendering10等效能量测指标的成绩。

再看AMD方面,K10架构已经开始测试,其多核心设计更具有一定的实际意义,不同核心之间的频率可以异步,这项设计是Intel所不具备的,引用原话就是"比如你拿1个核耍QQ游戏,可以把频率降低到1G,另外1个核视频解码,全速运行,剩余2个核如果不用,可以设定关闭"。这样设计的好处也是显而易见的,需要时全速运作达到最大性能,空闲时关闭内核,节电环保。

光有一个好的CPU架构,没有软件的支持,多核心照样不能发挥其最大的优势。在服务器领域,很多软件是按照CPU个数来收取相应的授权费用。双核以及多核服务器就带了这样一个问题,是按照服务器台数还是按照CPU个数来收费。例如,目前的很多软件如SQL服务器端都是根据处理器的物理构造来设计的,对于企业来说,购买双核或者多核心的服务器,软件需要花费的预算更要慎重考虑,对于微软的软件来说,无论是否双核/多核,其授权费用是相同的,并不需要为双核/多核购买新的许可证,而IBM和Oracle等公司的产品则需要消费者支持额外的收取费用。同样,一旦使用一台使用双核Opteron的服务器,使用不同的软件在总体成本上就会有所差异,如果是八核心的服务器,则其总体成本相差会更大。

从软件的设计角度来说,双核/多核也改变了一些就有的思路。nVIDIA首席科学家David Kirk曾抱怨多核心处理器给游戏开发人员带来了巨大的编程困难。而INTEL在发展硬件的同时,也在软件上做出了相应的改进。

在近年的多核应用暨Intel服务器平台大会上,英特尔数字企业集团副总裁兼服务器平台事业部总经理Kirk Skaugem先生表示:"英特尔实际上是全世界最大的软件工具的公司,我们不仅是一个硬件公司,要想优化你们的多核,不优化就不能实现所有的性能,如果大家上我们的网站,可以看到我们的未来不仅仅停留于四核,未来会变成几十个核,甚至更多,所以我们在软件方面会进一步优化。"

多核时代才会真正带来多线程编程技术的流行和实用,以往的多线程编程最多基于 OS 层,而向 C、C++这些编程语言要想实现多线程还得借助于语言本身的扩展和操作系统底层 API 扩展,而 Java、C#这些天生具有多线程功能的语言将会成为编程的主流选择。

除过多线程编程的普遍,集群、分布式计算也会迎来真正的春天,以往碰到复杂计算和需要超负荷运行支撑系统时最简单的解决办法就是提高硬件性能,以后单纯的提高硬件已经不实际了,只能依靠多核和分布式计算,所以像 P2P、网格计算、分布式数据库、集群计算这些会越来越普及,甚至 SOA 这种组件复用为主的技术也会沾分布式的光而大放异彩。

在由英特尔网络部主办,CSDN 协办的英特尔多核平台编程优化大赛中,涌现出大量优秀的作品,充分地利用了双核/多核对于多线程和并行计算技术,使得代码运送速度大大提升。事实证明,最新的多核心、超线程编程工具,可以为开发人员提供丰富的资源以供利用。

2.2.1.2 现阶段比较流行的硬件设备

当设计 CAE 高性能计算整体解决方案时,要充分考虑用户需求,比如资金预算、问题类型、分析规模、用户数量、软件 License 个数等,以此来确定最终的硬件选型。常用的显式有限元软件有 ABAQUS/Explicit、LS-DYNA、PAM-CRASH 等。相比而言,显式有限元软件对系统硬件的要求略低一些,从性价比以及软件的扩展性出发,采用集群系统进行显式有限元分析具有以下优点:

(1)采用集群系统,节点硬件配置可以略低一些,节省投资。

集群节点采用 Opteron 2000 系列处理器,系统内存的配置推荐 1GB/Core,只需配置 1 块硬盘即可。

(2)采用集群系统,可以为用户提供更多的 CPU 资源。

在同等价格的情况下,集群系统可以为用户提供更多的 CPU 资源。可以同时满足多个用户、多个计算任务的需求。同时集群的各个节点也可独立进行运算。

(3)采用集群系统,各个节点可以协同工作。

集群系统的特点在于虽然各个节点的计算性能有限,但是多个节点可以通过高性能网络进行协同工作,共同完成大规模问题的求解。目前主流的计算软件也都支持集群并行计算。

(4)采用集群系统,进行扩展非常方便。

当需求增加时,通过增加节点数量,可以立即提升系统的整体运算能力,用户以前的投资不会浪费。

在集群系统中,网络的性能直接影响整个系统的实际运算能力。目前市场上主要有三种高性能计算网络:千兆以太网、Myrinet 和 Infiniband。应该根据用户的预算和系统规模进行选择。24 节点以下,一般推荐采用千兆以太网,性价比较好,而且所有计算软件都支持;如果节点数在 32 节点以上,可以考虑带宽和延迟都更低的 Myrinet 和 Infiniband,但同时必须考虑到用户是否购买了支持这两种网络的软件版本。

2.2.1.3 硬件的组成和配置

一般来说,CAE 分析主要包括前处理、计算分析和后处理这 3 个过程。前处理主要是建立问题的几何模型、进行网格划分、建立用于计算分析的数值模型、确定模型的边界条件和初始条件等;计算分析是对所建立的数值模型进行求解,经常需要求解大型的线性方程组,这个过程是 CAE 分析中计算量最大、对硬件性能要求最高的部分;后处理则是以图形化的方式对所得的计算结果进行检查和处理。

CAE 分析的一个重要特点是,主要采用国际上公认的大型商业软件进行分析和计算。目前,大部分国际工业界认可的计算机辅助工程软件几乎被美国垄断。比如 ABAQUS、ANSYS、LS-DYNA、MSC.NASTRAN、PAM-CRASH 等。大型商业软件通常都有自己的前后处理模块。此外,也有一些通用的前、后处理软件,提供了对以上软件的接口,让用户只需要熟悉一个统一的操作界面,比如 Hypermesh、MSC.PATRAN 等。

根据求解算法的不同,CAE 分析软件总体上可以分为隐式和显式两类。采用隐式算法的软件主要有 ABAQUS/Standard、ANSYS、MSC.NASTRAN 等,适合求解静力、模态、屈曲等问题;采用显式算法的软件主要有 ABAQUS/Explicit、LS-DYNA、PAM-CRASH 等,适合求解接触、碰撞、冲击等问题。

从对计算资源的需求来说,隐式解法的基本特点是内存占用多、磁盘 IO 大、进程通信量大,因此,隐式解法要求系统的内存容量大、访存带宽高、磁盘 IO 速度快、通信延迟低;相对而言,显式解法对内存、磁盘 IO 和通信延迟的要求要低一些。

从软件的扩展性上来说,隐式算法和显式算法有明显的区别。采用隐式算法的软件,扩展性比较差,计算性能在 8~16CPU 以上就很难获得进一步的提升;而采用显式算法的软件,扩展性就要好得多,在 64~128CPU 以内都能获得较好的并行性能。

从并行技术的角度来说,隐式算法通常采用 OpenMP 或者 Pthreads 等共享内存的方式实现,而显式算法通常采用 MPI 或者 PVM 等消息传递方式实现。采用共享内存方式的优点是实现容易,性能较高,但只能运行在 SMP 结构的服务器上;而消息传递方式则可适用于 SMP 或者 DMP 结构的服务器上。不过,随着集群计算的发展,SMP 平台上的大多数算法也已移植到了 DMP 平台上,虽然并不完全。比如 ABAQUS/Standard 的 Direct 求解器和 Lanczos 特征值求解器就只支持 Threads 模式,因此必须采用 SMP 平台才能实现并行计算。

CAE 硬件平台的选择对 CAE 项目的成功实施至关重要,它直接影响到 CAE 项目的运行、管理和维护。对于用户来讲,往往是在软件选型已经完成之后,才开始考虑硬件选型。因此在硬件平台的选择上,必须综合考虑不同应用软件的特点,才能确定最佳配置方案。

(1) 并行体系结构的选择。

目前市场上的高性能服务器主要有共享内存的 SMP 和分布式内存的 Cluster 两种体系结构。在共享内存的系统中,所有的处理器通过公用的总线可以使用一个共同的物理内存空间,因此,每个 CPU 和其他 CPU 共享所有内存。常见的产品有 SGI 的 Altix 和 Origin 系列、HP 的 SuperDome 系列等。在分布式内存的系统中,每个计算节点拥有属于自己的内存,不能由其他计算节点使用。节点之间由专用的高速通信网络连接,通过消息传递接口 MPI 进行通信。常见的产品有曙光天潮系列、联想深腾系列等。

采用共享内存的 SMP 架构的服务器,既可以支持 OpenMP 和 Pthreads 并行,也可以支持 MPI 和 PVM 并行,能够利用软件的所有并行功能。但 SMP 系统的价格相对而言较高,而且对于主要采用隐式算法的软件而言,最多只能利用 8~16 颗 CPU,因此配置 CPU 数更多的

SMP 服务器并没有太大的意义,反而会造成投资的浪费。

分布式内存的 Cluster 系统是近年来迅速普及的一种高性能服务器体系。集群是一组独立的计算机(节点)的集合体,节点间通过高性能的互联网络连接,可以协同工作并表现为一个单一的、集中的计算资源(单一系统映象)供并行计算任务使用。构建这类服务器的成本比较低,具有良好的性价比和可扩放性。集群作为当前高性能计算机的主流架构,在 Top 500 中占据了 75% 以上的份额。因此,当前主流的 CAE 软件都提供了对集群架构和 MPI 的支持。当前市场上的集群系统大多是采用 4~8 路的 SMP 服务器作为计算节点,因此也支持 OpenMP。

(2)处理器类型的选择。

处理器是 CAE 计算服务器的核心。当前用于高性能计算的处理器大体上可分为 RISC 架构和 CISC 架构两种类型。基于 RISC 架构的处理器主要有 Power、MIPS、PA-RISC、SPARC 等,基于 CISC 架构的处理器则有 Intel 和 AMD。CISC 处理器以其性价比优势成为高性能计算机中的主流 CPU,在 Top 500 中有 75% 以上的系统采用了 CISC 处理器。

2.2.1.4 成熟的硬件应用

近年来,高性能计算作为大规模 CAE 应用的基石,在工业和制造业领域的应用越来越普遍和广泛。从 Top 500 的统计信息来看,工业领域所占的比例在不断增加。2005 年 6 月,工业用户使用的高性能计算机占到 52.8%。而其中的半导体和制造业用户所占的比例相当可观。其中美国半导体公司大约有 70 台,美国 Boeing 有 4 台,Lockheed Martin 有 2 台,德国 BMW 有 7 台,德国 VW 有 2 台,德国 Siemens 有 2 台。许多国际著名的制造业大公司已实现了产品的虚拟化设计和制造,并实现了全球资源共享,利用全新的理念设计产品。美国 GM、美国 GE、日本 Nissan 等公司都拥有总计算能力超过 10 万亿次的高性能计算机用于新产品的研发。Boeing 公司在 20 世纪 90 年代就实现了无纸化设计。Boeing 公司已宣布利用高性能计算机对航空发动机进行全物理过程的模拟仿真。主导世界制造业方向的大集团公司目前都拥有大量的超级计算机用于产品设计和数据处理,制造业信息化是知识经济时代企业核心竞争的必要组成环节。目前,在汽车领域,国内的 CAE 进展的比较早,比如汽车的冲撞试验。

2.2.2 软件技术

2.2.2.1 算机模拟技术的历史

对汽车碰撞的研究,国外起步较早,较早开展汽车碰撞研究的是美国。早期汽车碰撞研究主要是进行各种条件下的碰撞试验,包括实车试验和模拟试验。20 世纪 60 年代人们开始了计算机模拟碰撞技术,20 世纪 70 年代美国开始使用计算机辅助交通事故分析;而近 20 年来,汽车碰撞计算机模拟技术得到迅速发展,已经开发出了许多成熟的用于碰撞模拟的商业软件包,如 PAMCRASH、MADYMO3D、CAL3D、LS-DYNA3D 软件等。

国外开展的汽车碰撞计算机模拟研究主要包括事故再现、碰撞受害者模拟、汽车结构抗撞性模拟三个方向。

事故再现研究的内容是,在汽车事故发生后,由汽车的最终位置开始,运用按经验建立的运动学和动力学模型往回推算,即反向经由碰撞后阶段—碰撞阶段—碰撞前阶段,使事故情况在时间和空间上得以重现。

汽车碰撞受害者模拟的研究工作开始于20世纪60年代中期,使用的动力学分析模型是多刚体系统模型和生物力学分析模型,分别用来模拟人体整体动力学响应和人体局部结构伤害程度。

汽车结构抗撞性模拟的动力学分析模型是非线性大变形有限元模型。有限元模型的优点在于能真实地描述结构变形,适用于建立汽车结构模型及人体局部结构的生物力学分析模型。

车身结构抗撞性研究主要研究轿车车身结构对碰撞能量的吸收特性,寻求改善车身结构抗撞性的方法,在保护乘员空间的前提下,使得车身变形吸收的碰撞能量最大,从而使传递给车内乘员的碰撞能量降低到最小。

在采用现代数学模拟技术之前,早期车身结构抗撞性研究完全依赖于试验方法进行,往往需要付出很高的代价,而且受到时间和费用的限制。电子计算机的出现使得人们采用数学模拟方法来研究车身结构的抗撞性成为可能。20世纪70年代初,发展了基于质点力学理论的一维弹簧质点模型整车模型。

随着计算机技术和多体系统动力学建模理论的发展,Nikravesh等人将塑性铰的概念引入多体系统中以模拟结构中的大变形部件,并采用多体系统动力学软件来研究车身结构的抗撞性。但是这种方法在精度上还存在一定的问题。

随着Cray等巨型机的出现,基于显示积分的有限元方法在20世纪80年代初有了很大的发展,使得人们可以对大型结构进行动态有限元分析,车身结构的抗撞性研究进入了一个崭新的发展时期。自20世纪80年代中期第一次整车耐撞性的有限元分析后,有限元法在汽车耐撞性分析方面的应用迅速增长。计算机技术的高速发展和以有限元法为突出代表的工程计算方法日趋成熟与完善,使得汽车耐撞性的数值分析正在逐步取代与改进部分实验室工作,给整个汽车耐撞性的分析和改进带来十分深刻的影响。现在可以说,对车身结构的抗撞性模拟研究,最精确的方法是车身结构的整车有限元分析方法。

目前,汽车结构的耐撞性能已成为发达国家进口和销售汽车的重要检验指标。美国、日本和西欧国家等汽车制造公司都有专门的人员和最先进的计算机设备从事汽车耐撞性的有限元分析。

2.2.2.2 有限元分析理论基础

(1)大变形动态显式有限元方法。

采用拉格朗日增量描述的显式动力有限元求解方程为:

$$M\ddot{x}(t) = P(t) - F(t) - C\dot{x}(t) \qquad (2-1)$$

式中: M——总体质量矩阵;

$\ddot{x}(t)$、$\dot{x}(t)$——分别为整体节点加速度向量和速度向量;

$P(t)$——整体荷载向量;

$F(t)$——单元应力场的整体等效节点力向量;

C——总体阻尼矩阵。

采用中心差分法对式(2-1)进行时间积分,其算法为:

$$\begin{cases} \ddot{x} = M^{-1}[P(t_n) - F(t_n) - C\dot{x}(t_{n-\frac{1}{2}})] \\ \dot{x}(t_{n-\frac{1}{2}}) = \frac{1}{2}(\Delta t_{n-1} + \Delta t_n)\ddot{x}(t_n) \\ x(t_{n+1}) = x(t_n) + \Delta t_n \dot{x}(t_{n+\frac{1}{2}}) \end{cases} \quad (2\text{-}2)$$

$$\begin{cases} t_{n-\frac{1}{2}} = \frac{1}{2}(t_n + t_{n-1}) \\ t_{n+\frac{1}{2}} = \frac{1}{2}(t_{n+1} + t_n) \end{cases} \quad (2\text{-}3)$$

$$\begin{cases} \Delta t_{n-1} = (t_n - t_{n-1}) \\ \Delta t_n = (t_{n+1} - t_n) \end{cases} \quad (2\text{-}4)$$

上述式中：$\ddot{x}(t_n)$、$\dot{x}(t_{n+\frac{1}{2}})$、$x(t_{n+1})$——分别为 t_n 时刻的节点加速度向量、$t_{n+\frac{1}{2}}$ 时刻的节点速度向量和 t_{n+1} 时刻的节点位移向量；

$P(t_n)$、$F(t_n)$——分别为 t_n 时刻的荷载与节点力向量。

显式中心差分法是条件稳定的,只有时间步长小于临界值 Δt_{cr} 时,计算结果才稳定,即

$$\Delta t \leqslant \Delta t_{cr} = \frac{2}{w_{max}} = \frac{L_s}{c} \quad (2\text{-}5)$$

$$c = \sqrt{\frac{E}{\rho(1-v^2)}} \quad (2\text{-}6)$$

$$L_s = \begin{cases} \dfrac{A_s}{\max(L_1, L_2, L_3, L_4)} & (\text{四边形单元}) \\ \dfrac{A_s}{\max(L_1, L_2, L_3)} & (\text{三角形单元}) \end{cases} \quad (2\text{-}7)$$

上述式中：w_{max}——系统的最高固有振动频率；

L_s——单元的特征长度；

c——声速；

E——杨氏弹性模量；

ρ——材料密度；

v——泊松比；

A_s——单元面积；

L_i——一元边长($i=1,2,3,4$)。

(2)材料非线性理论。

车辆和波形梁护栏主要采用钢铁类弹塑性材料,在碰撞过程中材料易产生屈服或断裂,由于应力应变关系不再成线性比例关系,因此发生材料非线性。

通过材料力学试验得到本构关系作为仿真模型参数,计算过程中,首先判断结构应力状态是否达到屈服,如果没有达到,则按线弹性材料本构关系处理,如果应力超过屈服强度,则按塑性或脆性变形本构关系计算应力—应变。

仿真分析中采用 V. Mises 屈服准则判断材料是否进入塑性：

$$F_0(\sigma_{ij},k_0) = f(\sigma_{ij}) - k_0 = 0 \tag{2-8}$$

$$\begin{cases} f(\sigma_{ij}) = \dfrac{1}{2}s_{ij}s_{ij} \\ k_0 = \dfrac{1}{3}\sigma_{s0}^2 \\ s_{ij} = \sigma_{ij} - \sigma_m\delta_{ij} \\ \sigma_m = \dfrac{1}{3}(\sigma_{11} + \sigma_{22} + \sigma_{33}) \end{cases} \tag{2-9}$$

式中：σ_{ij}——应力张量分量；

k_0——给定的材料参数；

$F(\sigma_{ij},k_0)$——初始屈服面；

σ_{s0}——材料的初始屈服应力；

s_{ij}——偏斜应力张量分量；

σ_m——平均正应力。

其中 s_{ij} 和等效应力 $\bar{\sigma}$ 有以下关系：

$$\frac{1}{2}s_{ij}s_{ij} = \frac{\bar{\sigma}^2}{3} = J_2 \tag{2-10}$$

式(2-10)中 J_2 为第二应力不变量，将式(3-10)代入式(3-8)，得到 $\bar{\sigma} = \sigma_{s0}$，可知当等效应力等于材料的初始屈服应力时，材料开始进入塑性变形。

(3)边界非线性处理方法。

碰撞发生时，物体之间会产生接触，导致接触界面速度瞬时不连续，产生边界非线性。接触会给离散方程时间积分带来困难，在有限元理论中，有惩罚函数、动态约束、分布参数三种接触处理方式。

惩罚函数法基本原理是：在每一个时间步开始前，首先检查各从节点是否穿越主面，如没有穿透则不做任何处理。如果穿透，则在该从节点与被穿透主面间引入界面接触力，其大小与穿透深度、主面刚度成正比。这种处理方法相当于在界面间放置法向弹簧，以限制从节点对主面的穿透。

动态约束法基本原理是：在每一时间步 Δt 修正构形之前，搜索所有未与主面接触的从节点，看是否在此 Δt 内穿透了主面。如果穿透，则缩小 Δt，使那些穿透主面的从节点正好到达主面。在计算下一 Δt 之前，对所有已经与主面接触的从节点都施加约束条件，以保持从节点与主面接触而不贯穿。此外，检查和主面接触的从节点所属单元是否受到拉应力作用，如受到拉应力，则施加释放条件，使节点脱离主面。

分布参数法基本原理是：将每一个正在接触从单元的一半质量分配到被接触的主面面积上，同时根据每个正在接触从单元的内应力，确定作用在接受质量分配的主面面积上的分布压力。在完成质量和压力分配后，修正主面加速度，然后对从节点的加速度和速度施加约束，以保证从节点在主面上滑动，不允许从节点穿透主面，从而避免反弹现象。

这三种方法中，罚函数方法原理简单，算法动量守恒，在显式有限元算法中得到了广泛应用。

2.2.2.3　现阶段比较流行的软件技术

在汽车安全碰撞方面,有诸如 LS-Dyna、Pam-Crash、PC-Crash、Madymo 等主流碰撞软件。这些软件通常是用来做整车的碰撞安全评估,对于计算机的综合条件要求也相对较高,也有一些软件,如 Nastran、Patrans、Ansys、ProE 等可以用来做单个零件的应力分析,虽然受自身条件限制,但是在某些情况下也可以做单独部件,如防撞梁的碰撞变形分析。

(1) LS-DYNA。

LS-DYNA 是世界上著名的通用显式动力分析程序。它以 Lagrange 算法为主,兼有 ALE 和 Euler 算法;以显式求解为主,兼有隐式求解功能;以结构分析为主,兼有热分析、流体—结构耦合功能;以非线性动力分析为主,兼有静力分析功能(如动力分析前的预应力计算和薄板冲压成形后的回弹计算);特别适合求解各种结构的高速碰撞、爆炸和金属成型等高度非线性瞬态动力学问题。在工程界得到广泛应用并被认为是最佳的显式分析软件包,与试验结果的无数次对比证实了其计算的可靠性和准确性。

LS-DYNA 特色:

①显式求解为主兼有隐式算法,适合于求解高速、高度非线性问题。

②具有 160 多种材料模型,是材料模型最为丰富的有限元软件。

③具有 50 多种接触类型,是接触类型最为齐全的有限元软件。

④极好的并行计算能力,包括分布式并行算法(MPP)和共享内存式并行(SMP);良好的自适应网格剖分技术,包括自适应网格细分和粗化。

⑤行业化的专用功能:如针对汽车、板成形行业。

支持的硬件平台:

LS-DYNA 同时具有单机多 CPU(SPM)和多机多 CPU 并行处理处理能力,可在各种硬件平台上运行,包括 PC、Unix 工作站、Linux、超级计算机以及 MPP(大信息量并行处理机)平台。

(2) PAMCRASH。

PAMCRASH 是法国 ESI 公司推出的有限元碰撞软件,与 RADIOS、LS-DYNA 并称为世界三大有限元碰撞软件,在世界各大汽车公司得到了最广泛的应用。其前处理软件 PAM-GENERIS 可以接受 I-DEAS、DAISY、PAM-SOLID、PATRAN、NASTRAN、MEF/MOSAIC、STYLER(STRIM100)、ANSYS、DYNA、ELFINI 等软件的文件格式,在前处理中可以定义材料、接触、焊点、刚墙、约束等,其后处理软件 PAM-VIEW 可以方便地处理动画,查询结果,绘制曲线,特别是在计算过程中也能观看已计算的结果,十分方便。

(3) RADIOSS。

RADIOSS 是一种用于车辆碰撞、撞击等领域的模拟软件,按时间步骤积分的显示有限元计算软件。在撞击模拟领域里,RADIOSS 是一直处于领导地位的商用软件。特点如下:

①具有处理高速动力荷载下,高阶非线性材料的力学响应问题。

②齐全的材料物性数据,包括磁化特性和损耗数据等。

③可使用拉格朗日、欧拉或任意混合拉格朗日—欧拉三种不同的坐标系统。

④多用于 Windows 系统、Unix 系统、矢量机、并行机、超级计算机以及多机联网构成的大

规模分布式并行计算系统(Linux CLUSTER)。

⑤针对典型的钢材、复合材料、泡沫、有机玻璃、蜂窝状材料、混凝土、塑料、织布等,软件包提供超过 35 种不同的材料模型。

⑥强大的前处理功能,有效地缩短撞击分析和人体防护分析的建模时间。直观的后处理分析功能,详细演示结构变形的动态过程。

(4)MADYMO。

MADYMO 软件由荷兰国家应用科技研究院 TNO 开发,广泛应用于车身结构设计、安全气囊、安全带、座椅、仪表板、方向盘转向柱等开发,是乘员约束系统整合及优化设计的首选工程软件。基本特点如下:

①多刚体与有限元方法的无缝耦合,使 MADYMO 核心求解器具备卓越的计算效率。

②丰富的 crash dummy 模型,涵盖 Hybrid Ⅲ、Euro-SID、US-DOT SID 等所有目前国际通用的碰撞试验假人。所有的假人模型都经过全面严格的验证,其计算效率与精度受到广泛赞誉,成为汽车碰撞安全性设计的工业标准。

③成熟高效的气囊模拟算法,包括 IMM(Initial Metric Method)和基于 CFD 的 Gasflow 模型,为精确模拟气囊展开过程和 OOP 设计提供了坚实的基础。

④提供最丰富的气囊模拟手段,精确模拟多腔气囊,多喷点、多级气体发生器,以及气囊织物的剪切锁死效应等气囊模拟的前沿热点问题。气囊模拟技术的发展得益于 MADYMO 在全球 Airbag Supplier 的广泛应用,包括 Autoliv、KSS、TAKATA、Delphi、Mobis、Daphimetal 等。这些气囊供应商的技术需求,都是 MADYMO 技术革新的动力。

⑤丰富的实用工具,包括气囊折叠 Folder、参数分析及优化设计的 AutoDOE、模型评估和随机分析的 ADVISER 等,都在国际汽车行业得到广泛应用和赞誉。

2.2.2.4 成熟的软件系统

(1)机群环境介绍。

随着并行计算机系统的飞速发展和相应软件产品的开发成功,基于 MPP 的计算技术和性能正在达到许多领域对超级计算的要求,因而高性能计算机系统成为人们关注的热点。特别是当生物工程、石油地质勘探和天气预报等领域由于并行计算机的参与取得巨大成功后,更多的应用领域开始引入并行计算的概念,更多专业的研究者希望并行计算机早日成为他们研究时方便实用的工具。

但是开发并行计算软件是一件非常困难的工作,它要求用户了解并行计算机的体系结构,并行语言的使用方法,更要求用户清楚并行计算算法的细节并具有控制并行计算细节的技巧,而复杂的并行网络体系结构,晦涩难懂的 MPP 应用编程模式和特点各异的计算应用领域等又对传统的软件设计思想提出的了严峻的挑战。为此面向对象的技术和设计思想被越来越多的软件工具应用到了并行计算中。特别是将原来分布计算环境中应用的构件技术引入到 MPP 环境中以后,可以隐藏这些细节,为众多领域的研究者开发并行计算软件提供极大的发便。

所谓构件,是指可用来构造其他软件的可复用的软件组成成分。它既可以是被封装的对象类、类树、功能模块等,也可以是软件框架、软件构架、文档资料、分析件或设计模式等。它使不同小组开发的并行构件之间具有良好的交互性,也最大限度地保证了构件的复用,这将大大减轻用户的开发工作。

1977年,DEC公司推出了以VAX为结点机的松散耦合的集群系统,并成功地将VMS操作系统移植到该系统上。20世纪90年代以来,随着RISC技术的发展和高性能网络产品的出现,集群系统在性能价格比(Performance/Cost)、可扩展性(Scalability)、可用性(Availability)等方面都显示出了很强的竞争力,尤其是它在对现有单机上的软硬件产品的继承和对商用软硬件最新研究成果的快速运用方面表现出了传统大规模并行处理机(Massively Parallel Processor,MPP)无法比拟的优势。

目前,集群系统已在许多领域获得应用。可以预见,随着对称多处理机(Symmetric Multiprocessor,SMP)产品的大量使用和高性能网络产品的完善,以及各种软硬件支持的增多和系统软件、应用软件的丰富,新一代高性能集群系统必将成为未来高性能计算领域的主流平台之一。具有代表性的集群系统有IBM的SP2、SGI的POWER CHALLENGEarray、Microsoft的Wolfpack、DEC的TruClusters、SUN的SPARC cluster 1000/2000PDB以及Berkeley NOW等。我国国家智能计算机研究开发中心的曙光-1000A、曙光-2000Ⅰ和曙光-2000Ⅱ也都属于集群系统的并行计算机。

简单地说,并行计算机就是用若干(几到几千)处理器并行执行一个作业,以提高计算效率。并行计算机的结构、规模、性能可以有很大的差异,其价格也就可以从人民币数万元到数亿元。以较低的投资,用若干台性能较高的PC机组装成集群并行计算机,采用Linux操作系统以及目前在各类并行机上通用的信息传递接口MPI并行环境,以此为起步发展并行计算和研究,是一个合适的选择。一方面,计算机科学技术的发展在高性能计算领域为其他科学技术的发展提供了越来越宽广的平台。另一方面,科学技术的发展对高性能计算环境(硬、软件)不断提出更高的要求。针对特定的研究领域,在一定的财力资源下,集群并行计算机可以为数值模拟的发展提供串行计算机系统所无法比拟的高效平台。

(2)Beowulf集群系统简介。

Linux环境下的集群系统中比较有影响的是Beowulf集群。Beowulf集群的研究是由美国国家航空航天局(NASA)于1994年启动的。1994年,Thomas Sterling和Don Becker等人构建了一台由以太网连接的拥有16个DX4处理器的集群。他们把这个集群计算机叫作Beowulf,主要用来进行地球、空间科学的研究。Beowulf的主要目的是使用普通的、相对廉价的计算机构建能够处理繁重计算的集群。此后,Beowulf的思想迅速被世界上许多研究机构认同和接受。在Beowulf集群上运行的软件是Linux操作系统、并行虚处理机(Parallel Virtual Machine,PVM)和消息传递接口MPI(Message Passing Interface)。一般由服务节点来控制整个集群。服务节点是集群的控制台和对外的网关。在规模比较大的Beowulf集群中可以有多个服务节点,例如专门用集群中的一个节点作为控制台或统计整个集群的运行状态。通常,除服务节点外,Beowulf集群中的其他节点都是哑成员,即它们不与外界交互。这些成员节点由服务节点来管理,执行服务节点分配的任务。交通部公路科学研究所现有就是此类机群系统。

Beowulf集群中的成员节点以及内部连接是集群专用的。从这一点来看,Beowulf更像是一台完整的机器,而不是一个由许多计算机组成的松散的群体。集群下的大多数节点没有键盘、显示器等,只是通过远程登录来访问控制它们。就像CPU和内存可以方便地安装到主板上一样,Beowulf 的节点作为内置的模块插入 Beowulf 集群中。

Beowulf 集群中的节点之间的连接(通常是高速网络,比如 FastEthernet、ATM、Myrinet 等)也是仅供节点间使用,它与集群与外界连接的普通网络相隔离。这些特点使得 Beowulf 集群中各节点的负载均衡且节点之间的信赖关系变得更容易处理,因为它们不受外界的影响。同时,节点之间的通信也会更高效。Beowulf 并不是一个软件包、一种新的网络拓扑结构或者内核技术,而是一种基于 Linux 操作系统的机器来构建并行虚拟机的思想。尽管有很多软件(例如:内核的修改、PVM 和 MPI 并行运算库或者管理工具)可以使 Beowulf 体系结构更快、更容易管理和使用,但仍然可以只使用 Linux 来建造一个自身的 Beowulf 集群。一个最简单的 Beowulf 集群可以由两台互相连接并且拥有一些信任关系(比如 NFS 和 rsh 权限)的 Linux 计算机组成。

(3) Beowulf 集群系统 Linux 操作系统以及并行编程。

在本系统中,我们采用的操作系统是 REDHAT Fedora core 4 (KERNEL2.6.11)的 Linux 系统。并行编程环境采用基于消息传递接口(MPI)的局域多计算机(Local Area Multi-computer,LAM),它是由 Ohio 超级计算机中心开发的,适用于异构 Unix 机群的 MPI 编程环境和开发系统。目前我们所安装的 LAM 版本是 6.5.9 版,同时还安装了 Fortran 90 开发平台。

在 RedHat FC4 系统安装结束以后,还安装了 f2c(Fortran-to-C)软件包以及一些必要的服务软件。由于每个节点有两块网卡分别承担消息传递和接收的工作,并且两块网卡共用一个 IP 地址,为了实现这样的功能,必须添加一个虚拟的网络设备,将两块网卡绑定到这个虚拟的网络设备上。在外界看来,每个节点只有 1 个 IP 地址和 1 块网卡。

在 RedHat FC4 可以正常运行以后,必须启动如下的系统服务:rlogin、rsh、nfs、ftp、telnet 等。其中的 rlogin 和 rsh 服务只需要在 8 个计算节点上配置。出于安全方面的考虑,RedHat FC4 在默认的系统设置下,是不提供 rlogin 和 rsh 服务的,用户必须手工设置必要的文件和参数,实现 rlogin 和 rsh 服务。相应的 nfs(网络文件系统)必须在服务节点和计算节点上同时配置。在所有的系统服务配置成功后,就可以安装 LAM6.5.9 了,这个软件包是免费的,可以到 HTTP://WWW.LAM-MPI.ORG 下载最新的版本,安装过程可以按照软件包自带的安装说明进行安装。安装和配置结束以后,可以在 Linux 提示符下运行 recon-v,来测试 LAM 是否成功安装。

(4) MPI 简介。

一般并行计算机系统有两个基本的体系结构:分布存储和共享存储。基于分布存储的并行计算机的每个节点都有各自的本地存储器,同时也能通过高速网络接口等方式访问其他节点的存储器。各节点通过消息传递来进行数据交换。而基于共享存储的并行机系统则是多个节点通过高速总线访问一个全局的存储器空间。这种方式由于总线带宽的限制,一般将处理器个数限制在 2~16 个之间。最新的并行计算机体系结构使用分布存储和共享存储混合的方式,即每个节点都是由 2~16 个基于共享存储的处理器组成,再由多个这样的节点通过高速的通信结构构成分布存储的并行计算机系统。

MPI 是由 MPI 论坛组织开发的适用于基于分布内存的并行计算机系统的消息传递模型。它提供了一个实际可用的、可移植的、高效的和灵活的消息传递接口标准。MPI 以语言独立的形式来定义这个接口库,并提供了与 C、Fortran 和 Java 语言的绑定。这个定义不包含任何专用于某个特别的制造商、操作系统或硬件的特性。由于这个原因,MPI在并行计算界被广泛地接受。其标准已由原来的MPI-1发展到目前的MPI-2。

MPI-1标准规定了如下的规范:①Fortran77和C分别调用MPI子程序(函数)的命名、调用顺序以及返回值的规则,所有的MPI实现都必须遵循这些规则,从而保证遵循这些标准的MPI程序可以在任何平台上的可移植性。②具体的MPI库实现由硬件供应商提供,从而开发出适合各供应商硬件的最优版本。MPI-2规范对MPI-1进行了如下的扩展:动态进程;单边通信;非阻塞群集通信模式和通信子间群集通信模式;对可扩展的I/O的支持,叫作MPI-IO,在MPI-1中,I/O问题全部忽略,MPI-1只定义对Fortran 77和C语言的绑定,MPI-2将语言绑定扩展到Fortran 90和C++;对实时处理的支持;扩展了MPI-1的外部接口,以便使环境工具的开发者更易于访问MPI对象。这将有助于开发剖析(profiling)、监视(monitoring)和调试(debugging)工具。

2.2.3 模拟仿真流程

仿真流程基本分为四个部分,分别为几何模型部分、网格化分和试验条件设定、模型计算部分和结果分析后处理。

(1)模型几何部分,利用UG、pro/e、CATIA或I-DEAS等进行实体建模。

(2)网格划分和试验条件设定的前处理软件有很多,这里以hyperworks为例。

Hyperworks是一个高性能的有限元前后处理器,它能够支持直接输入已有的三维CAD几何模型,并且导入的效率和模型质量都很高,可以大大减少很多重复性的工作。它具有以下优点:

①直接输入CAD几何模型及有限元模型,减少用于建模的重复工作和费用。

②高速度、高质量的自动网格划分极大地简化了复杂几何的有限元建模过程。

③在一个集成的系统内支持范围广泛的求解器,确保在任何特定的情形下都能使用适用的求解器。

④高度可定制性更进一步提高效率。

⑤HyperMesh支持很多不同的求解器输入输出格式,在利用Hypermesh划分好模型的有限元网格后,可以直接把计算模型转化成不同的求解器文件格式,从而利用相应的求解器进行计算。Hypermesh可以作为企业统一的CAE应用平台,即统一利用Hypermsh进行网格划分,然后对于不同的问题利用不同的求解器进行求解。

⑥HyperMesh生成dyna关键字文件,再通过用户编辑修改K文件,就可以利用dyna进行过程计算。

(3)核心模型计算部分,通用软件有ls-dyna、PAMCRASH、RADIOSS等。

(4)后处理、结果分析:HyperMesh、LSPOST等软件具有先进的后处理功能,可以保证形象地表现各种各样的复杂的仿真结果,如云图、曲线标和动画等。

2.2.4 计算机模拟仿真精度分析

目前,以LS-DYNA为代表的有限元分析软件在解决汽车碰撞护栏这类复杂问题中得到了越来越多的应用,其精度已经得到了广泛的确认。由于护栏结构和材料的不同,计算结果可能存在一定的差异。为了使分析的结果更为可靠,有必要进行计算精度分析。因此,对混凝土基础波形梁护栏进行了中型客车和小客车的计算机模拟碰撞试验和实车碰撞试验,试验条件为:中型客车质量 10t、碰撞速度 60km/h、碰撞角度 20°;小客车质量 1.5t、碰撞速度 100km/h、碰撞角度 20°。进行计算时,波形梁板、立柱和防阻块等薄壁金属构件采用 Belytschko-Tsay 壳单元模拟,其 Q235 钢材料选用多线性、弹塑性、各向同性硬化材料进行模拟,并通过 Cowper-Symons 模型考虑材料的应变率硬化效应,螺栓采用弹簧单元外包壳单元的方式处理,采用基于惩罚函数法的接触算法解决接触非线性问题。小客车和中型客车碰撞护栏计算和试验结果如图 2-1 ~ 图 2-5 所示。

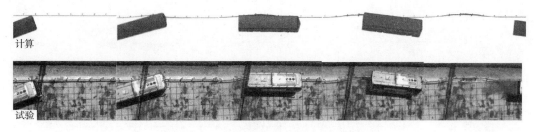

图 2-1　2m 立柱间距波形梁护栏中型客车碰撞过程

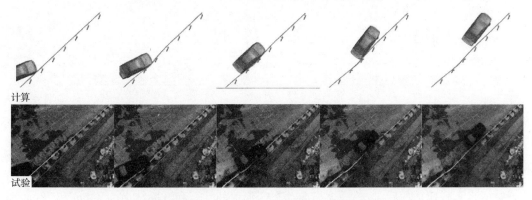

图 2-2　2m 立柱间距波形梁护栏小客车碰撞过程

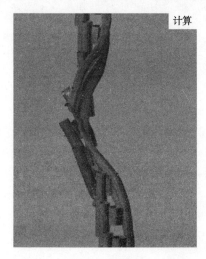

图 2-3　中型客车碰撞护栏变形情况

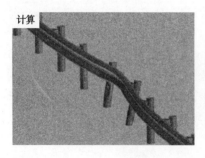

图 2-4 小客车碰撞护栏变形情况

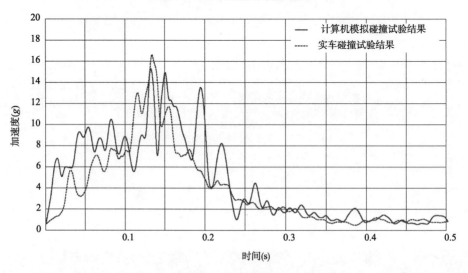

图 2-5 小客车重心平面合成加速度时间历程曲线

由图 2-1~图 2-5 可知,小客车和中型客车碰撞护栏过程中,车辆运行姿态和轨迹、波形梁板和防阻块变形形态以及护栏的变形范围的计算和试验结果基本一致。

中型客车碰撞护栏后,护栏最大横向动态变形值的计算和试验结果为 74cm 和 78cm,计算结果误差为 5.1%。车辆驶出角的计算和试验结果分别为 7.9°和 7.5°,计算结果误差为 5.3%。

小客车碰撞护栏后,护栏最大横向动态变形值的计算和试验结果分别为 32cm 和 29cm,计算结果误差为 10.3%。车辆驶出角的计算和试验结果分别为 10.7°和 10.4°,计算结果误差为 2.9%。由图 2-5 可知,小客车车辆重心处平面合成加速度的计算和试验结果整体趋势吻合得较好,计算峰值为 15.3g,试验峰值为 16.6g,计算结果误差为 7.8%。

通过对比计算和试验结果可知,计算结果的精度较高,因此,计算机模拟仿真方法是可靠的,能为后续的研究工作提供有效支撑。

第3章 在用护栏安全性能评价方法

3.1 可靠性设计方法与安全裕度研究

3.1.1 护栏可靠性设计方法

可靠性是指结构在规定的时间内、在规定的条件下,完成预定功能的能力。对于护栏的可靠性,规定的时间是护栏的设计使用年限,规定的条件是护栏的设计防护能力,完成预定功能的能力是指对公路实际行驶车辆的防护比例。

护栏的设计内容包括以下两个方面:①护栏防护等级选择,即根据相应路段的具体道路环境条件确定设置护栏的防护等级;②护栏结构设计,按照既定的防护等级,确定护栏的形式、高度、构件壁厚以及材料性能等级等具体结构及尺寸,并确保护栏结构具备相应防护等级的安全性能。

现行设计规范要求根据公路等级、设计速度和路侧危险程度确定护栏的防护等级,而护栏的防护等级是由碰撞车辆总质量、碰撞速度和碰撞角度计算的设计防护能量来表征的。从定性角度来看,防护等级越高的护栏设计防护能量越大,对实际行驶车辆的防护比例越高,因此设计速度较大和路侧较危险的路段要求设置更高防护等级的护栏,但是现行设计规范并未要求对护栏的设计防护能量相对于相应路段实际行驶交通流的防护比例进行定量化的分析。

护栏可靠性设计方法的思路是:确定护栏防护等级时,依据工程可行性研究报告中的交通量、车型构成以及运行速度计算结果,推算公路行驶车辆失控后碰撞护栏的碰撞能量,进而确定碰撞能量小于所设置护栏的设计碰撞能量的车辆数量占总交通量的百分比,即为护栏对公路实际行驶车辆的防护比例。护栏可靠性设计方法能够使设计人员定量地判断护栏对于具体路段行驶车辆安全防护的可靠性。

3.1.2 护栏安全裕度

每一种护栏结构都应能够安全防护设计防护能量对应的碰撞车辆,即要求护栏通过既定的车辆总质量、碰撞速度和碰撞角度进行实车足尺碰撞试验验证,并满足安全性能评价标准的要求,但其安全余量大小可能不尽相同。护栏安全裕度定义为护栏结构相对于设计防护能量所具有的防护能力余量。如图 3-1 所示,有的实车足尺碰撞试验结果表明护栏的防护能力已经达到临界状态,即安全裕度较低,也有的试验中护栏碰撞后变形损坏程度较轻,护栏还可以承受更大的碰撞荷载,即安全裕度较高。安全裕度较高的护栏防护的失控车辆比例更高,对于路段的安全保障更可靠。

a) 护栏安全裕度较低　　　　　　　　　b) 护栏安全裕度较高

图 3-1　护栏安全裕度

3.2　护栏安全裕度研究示例

3.2.1　典型护栏结构选取

护栏安全裕度研究选取路基常用的 A 级波形梁护栏和桥梁常用的 SA 级混凝土护栏为研究对象。A 级护栏和 SA 级护栏的设计防护能量分别是 160kJ 和 400kJ,试验碰撞条件见表 3-1。

防护等级 A 级和 SA 级的试验碰撞条件　　　　　表 3-1

防护等级	碰撞车型	车辆总质量(t)	碰撞速度(km/h)	碰撞角度(°)
160kJ	小型客车	1.5	100	20
	中型客车	10	60	20
	中型货车	10	60	20
400kJ	小型客车	1.5	100	20
	大型客车	14	80	20
	大型货车	25	60	20

A 级三波波形梁护栏如图 3-2 所示,采用 3mm 厚三波板(506mm×85mm×3mm),间距 4m、φ140mm×4.5mm 立柱,4.5mm 厚防阻块(196mm×178mm×200mm×4.5mm),三波板中心距地面高度 70cm。该护栏已进行防护等级 A 级(160kJ)的实车足尺碰撞试验验证,并写入现行设计规范修订稿中,将在今后的高速公路设计中广泛应用。护栏安全裕度分析的 SA 级混凝土护栏结构来自于现行设计规范,护栏结构设计如图 3-3 所示。

第3章 在用护栏安全性能评价方法

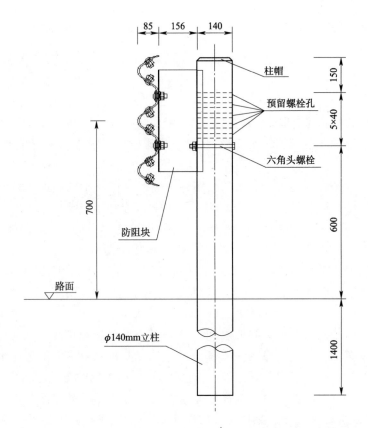

图 3-2 A 级波形梁护栏结构(尺寸单位:mm)

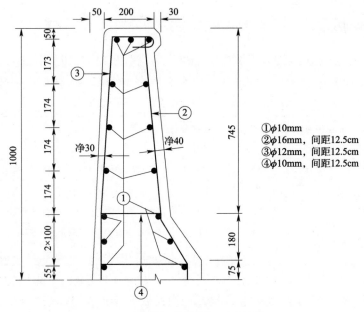

图 3-3 SA 级混凝土护栏结构(尺寸单位:mm)

3.2.2 分析方法

护栏安全裕度研究涉及护栏的防护能力分析及验证。护栏防护能力分析及验证的技术手段包括实车足尺碰撞试验和计算机仿真模拟两种方法。实车足尺碰撞试验具有可靠客观的优点,但费用高、周期长,多用于护栏安全性能的最终验证。目前国内外护栏研究人员普遍采用计算机仿真模拟进行护栏结构参数优化以及防护能力分析。实践证明,采用经实车足尺碰撞试验校核的车辆和护栏仿真模型,对车辆碰撞护栏过程的求解精度可以满足防护能力分析需要。

由于护栏安全裕度研究中需分析护栏结构参数改变以及不同碰撞条件时的防护能力,工况较多,因此采用计算机仿真模拟的方法进行护栏安全裕度分析。

护栏安全裕度研究的核心是计算护栏的极限防护能力,即护栏防护能力达到极限状态时对应的车辆碰撞能量。护栏的试验碰撞车型包括小型客车、大(中)型客车和大(中)型货车三种碰撞车型。小型客车主要用于评价护栏缓冲功能,大中型车辆主要用于评价护栏阻挡功能,各防护等级护栏的设计防护能量是根据大中型车辆的试验碰撞条件计算的。

对于高速公路不同防护等级的护栏,小型客车的试验碰撞条件是一致的,防护等级的区别仅在于大中型车辆的试验碰撞条件,因此护栏极限防护能力计算时不考虑小型客车。

计算护栏的极限防护能力时,可以通过提高大(中)型车辆的车辆总质量、碰撞速度或调整碰撞角度来增大碰撞能量。由于提高碰撞速度在仿真计算时最方便实现,为提高计算效率,将碰撞速度以5km/h为步长采用二分法逐渐增大,依次进行大中型车辆碰撞护栏仿真计算,得到护栏防护能力达到极限状态时对应的车辆碰撞能量E_c。护栏的安全裕度M_s定义为极限防护能力与设计防护能量的差值,即$M_s = E_c - E_d$。

3.2.3 分析结果

根据表3-2汇总的A级波形梁护栏安全裕度仿真分析结果,可知该护栏的极限防护能力为中型客车176kJ,中型货车190kJ,护栏安全裕度为$M_s = E_c - E_d = 176 - 160 = 16$kJ。

A级波形梁护栏安全裕度仿真分析结果 表3-2

碰撞车型	车辆总质量(t)	碰撞速度(km/h)	碰撞角度(°)	碰撞能量(kJ)	仿真结果
中型客车	10	62.5	20	176	护栏有效阻挡车辆,车辆顺利导出(图3-4)
	10	65	20	190	车辆骑跨护栏,不满足防护要求(图3-5)
中型货车	10	65	20	190	护栏有效阻挡车辆,车辆顺利导出(图3-6)
	10	67.5	20	205	车辆骑跨护栏,不满足防护要求(图3-7)
	10	70	20	221	车辆骑跨护栏,不满足防护要求(图3-8)

根据表3-3汇总的SA级混凝土护栏安全裕度仿真分析结果,可知该护栏的极限防护能力可达到大型客车570kJ,大型货车440kJ,护栏安全裕度为$M_s = E_c - E_d = 440 - 400 = 40$kJ。

第3章 在用护栏安全性能评价方法

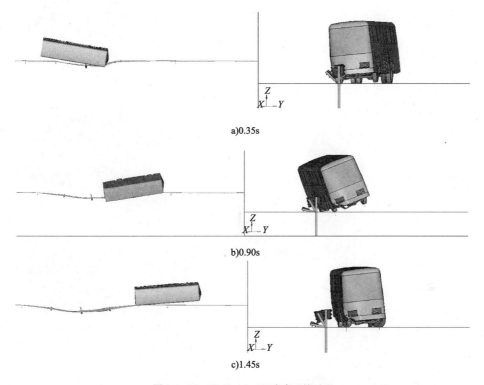

图 3-4 10t、62.5km/h、20°客车碰撞过程

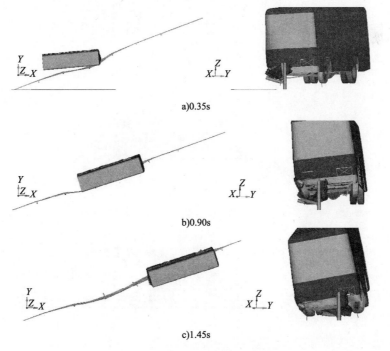

图 3-5 10t、65km/h、20°客车碰撞过程

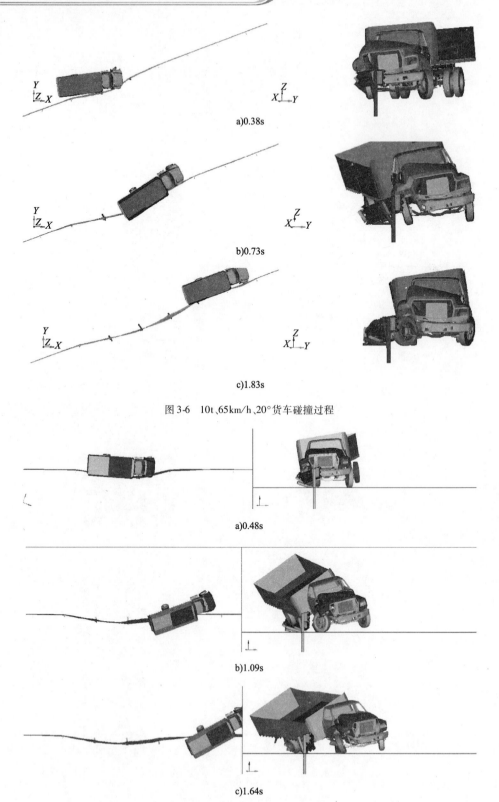

a) 0.38s

b) 0.73s

c) 1.83s

图 3-6　10t、65km/h、20°货车碰撞过程

a) 0.48s

b) 1.09s

c) 1.64s

图 3-7　10t、67.5km/h、20°货车碰撞过程

第3章 在用护栏安全性能评价方法

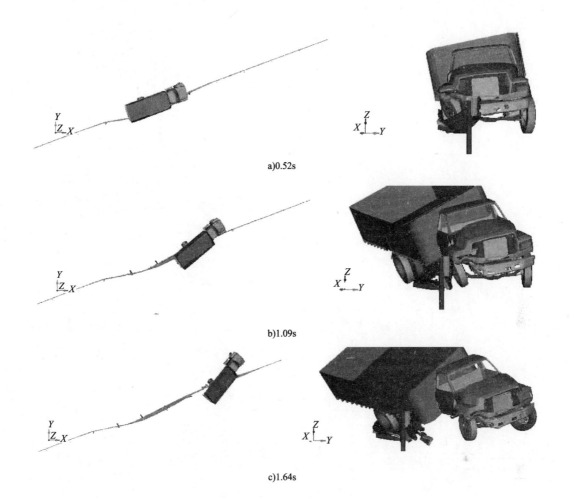

图3-8 10t、70km/h、20°货车碰撞过程

SA级混凝土护栏安全裕度仿真分析结果 表3-3

碰撞车型	车辆总质量（t）	碰撞速度（km/h）	碰撞角度（°）	碰撞能量（kJ）	仿 真 结 果
大型客车	14	85	20	456	护栏有效阻挡车辆,车辆顺利导出（图3-9）
	14	90	20	511	护栏有效阻挡车辆,车辆有侧翻趋势,最终顺利导出（图3-10）
	14	95	20	570	护栏有效阻挡车辆,车辆侧倾达到临界状态,没有侧翻,最终顺利导出（图3-11）
大型货车	25	62.5	20	440	护栏有效阻挡车辆,车辆侧倾达到临界状态,没有侧翻,最终顺利导出（图3-12）
	25	65	20	476	翻车,不满足防护要求（图3-13）

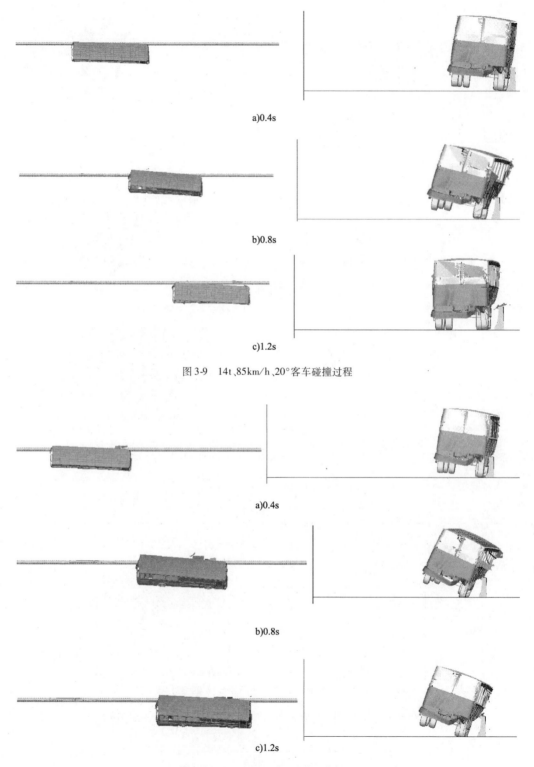

图 3-9　14t、85km/h、20°客车碰撞过程

图 3-10　14t、90km/h、20°客车碰撞过程

第3章 在用护栏安全性能评价方法

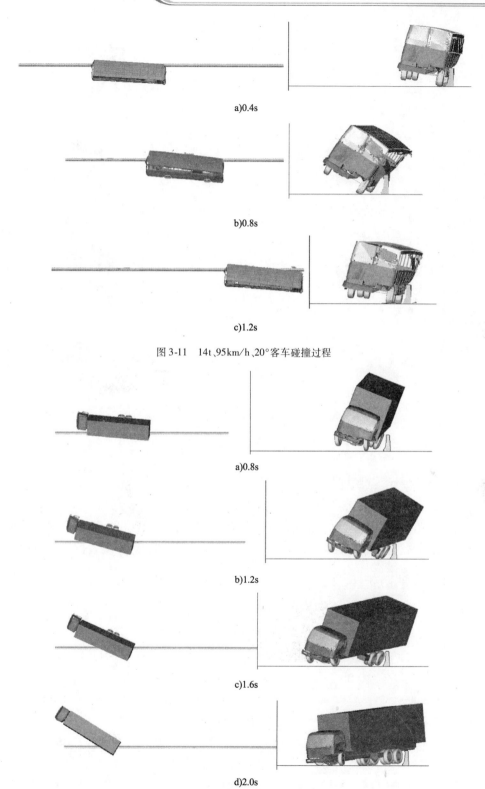

图 3-11　14t、95km/h、20°客车碰撞过程

图 3-12　25t、62.5km/h、20°货车碰撞过程

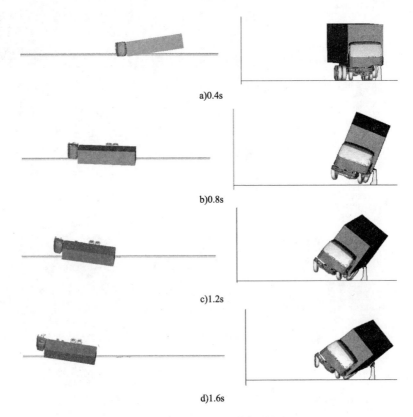

图 3-13　25t、65km/h、20°货车碰撞过程

3.3　护栏可靠性设计方法示例

依托某高速公路 K20+76.52~K24+222.96 路段,依据工程可行性研究报告中的交通量、车型构成以及运行速度计算结果,采用护栏可靠性设计方法选择设置护栏的防护等级。

3.3.1　预期防护车型质量

工程可行性研究报告中的交通量和车型构成见表 3-4。

工程可行性研究报告的交通量和车型构成　　　　表 3-4

年份		2022	2024	2025	2030	2035	2041
折算小客车交通量(辆/日)		16144	18333	13049	16496	19254	22488
小客车	折算比例(%)	16.07	16.48	16.12	16.78	17.65	18.44
	折算数(辆)(系数1)	2594	3021	2103	2768	3398	4147
	自然数(辆)	2594	3021	2103	2768	3398	4147
大客车	折算比例(%)	2.85	2.92	2.86	2.97	3.13	3.27
	折算数(辆)(系数1.5)	460	535	373	490	603	735
	自然数(辆)	307	357	249	327	402	490

续上表

	年份	2022	2024	2025	2030	2035	2041
小货车	折算比例(%)	3.25	3.26	3.15	3.13	3.16	3.19
	折算数(辆)(系数1)	525	598	411	516	608	717
	自然数(辆)	525	598	411	516	608	717
中货车	折算比例(%)	4.95	4.95	4.78	4.77	4.81	4.85
	折算数(辆)(系数1.5)	799	907	624	787	926	1091
	自然数(辆)	533	605	416	525	617	727
大货车	折算比例(%)	12.60	12.62	12.19	12.14	12.25	12.34
	折算数(辆)(系数2.5)	2034	2314	1591	2003	2359	2775
	自然数(辆)	814	925	636	801	943	1110
特大货车	折算比例(%)	60.28	59.77	60.90	60.20	59.00	57.92
	折算数(辆)(系数4)	9732	10958	7947	9931	11360	13025
	自然数(辆)	2433	2739	1987	2483	2840	3256
交通量自然数(辆/日)		7206	8246	5802	7419	8809	10448

根据《公路工程技术标准》(JTG B01—2014)对各汽车代表车型的规定以及《公路护栏安全性能评价标准》(JTG B05-01—2013)条文说明中各种车型整备质量的调查数据,各种车型的额定荷载代表值和整备质量见表3-5。据此可推算出车辆总质量的代表值。

各种车型的车辆总质量代表值　　　　　　　　　　　　　　表3-5

一级分类	二级分类	额定荷载参数	额定荷载代表值(t)	整备质量(t)	车辆总质量代表值(t)
小型车	小客车	额定座位≤19座	0.9	2.7	3.6
	小型货车	载质量≤2t	2	2.83	4.83
中型车	大客车	额定座位>19座	—	—	16
	中型货车	2t<载质量≤7t	4.5	4.45	8.95
大型车	大型货车	7t<载质量≤20t	13.5	10.26	23.76
特大型车	特大型货车	载质量>20t	—	—	55
	集装箱车				

3.3.2　运行速度

根据《公路项目安全性评价规范》(JTG B05—2015),K20+76.52~K24+222.96路段的运行速度计算结果见表3-6。

运行速度计算结果　　　　　　　　　　　　　　　　　　表3-6

路段起点	路段终点	小型车(km/h)	大型车(km/h)
K20+76.52	K20+838.72	120.8043	75.49672
K20+838.72	K20+844.13	120.4439	75.10052
K20+844.13	K21+155.87	120.1401	75.63696

续上表

路段起点	路段终点	小型车(km/h)	大型车(km/h)
K21+155.87	K21+453.59	120.5865	75.84308
K21+453.59	K21+660	120.733	75.60169
K21+660	K21+960	120.7043	75.06131
K21+960	K22+86.25	120.8289	75.38662
K22+86.25	K22+373.75	120.8884	75.51286
K22+373.75	K22+377.92	120.8769	75.03397
K22+377.92	K22+891.05	120.9381	75.77428
K22+891.05	K22+970	120.6299	75.4548
K22+970	K23+270	113.7927	75.93488
K23+270	K23+372.56	115.8004	71.71023
K23+372.56	K23+707.44	114.7429	68.76563
K23+707.44	K23+900.33	116.1325	68.89397
K23+900.33	K23+917.04	116.737	69.59765
K23+917.04	K24+222.96	120.1707	75.23997

3.3.3 车辆碰撞能量

根据车辆总质量代表值 m_i 以及对应车型的运行速度计算值 v_i，按式(3-1)计算出车辆碰撞能量。

$$E_i = \frac{1}{2} m_i (v_i \sin\alpha)^2 \tag{3-1}$$

式中：E_i——第 i 辆车的碰撞能量(kJ)；

　　　m_i——第 i 辆车对应车型的车辆总质量代表值(t)；

　　　v_i——第 i 辆车的碰撞速度(m/s)，按运行速度的0.8倍计算；

　　　α——碰撞角度(°)，按20°计算。

以2022年为例，日交通量自然数为7206辆，K20+76.52~K20+838.72路段的小型车运行速度计算值为120.8043km/h，大型车运行速度计算值为75.49672km/h，这7206辆车辆失控后碰撞护栏的碰撞能量计算值见表3-7。

车辆碰撞能量计算结果　　　　表3-7

车型及序号	车辆总质量代表值(t)	运行速度(km/h)	碰撞速度(km/h)	碰撞角度(°)	碰撞能量(kJ)
小客车1~2594(共2594辆)	3.6	120.8043	96.6	20	151.7454
中货车2595~3127(共533辆)	8.95	75.49672	60.4	20	147.3423
小货车3128~3652(共525辆)	4.83	120.8043	96.6	20	203.5918
大客车3653~3959(共307辆)	16	75.49672	60.4	20	263.4053
大货车3960~4773(共814辆)	23.76	75.49672	60.4	20	391.1568
特大货车4774~7206(共2433辆)	55	75.49672	60.4	20	905.4557

3.3.4 护栏防护比例

按照2022年的日交通量，K20+76.52~K20+838.72路段设置各种防护等级的护栏时，防护比例见表3-8。

护栏防护比例　　　　　　表3-8

防护等级	设计防护能量(kJ)	防护比例
三级(A级)	160	3127/7206 = 43.4%
四级(SB级)	280	3959/7206 = 55.0%
五级(SA级)	400	4773/7206 = 66.2%
七级(HB级)	640	100%*

注：*表示七级(HB级)55t鞍式列车碰撞条件为60km/h、20°。

3.4 基于护栏可靠性设计方法的在用波形梁护栏安全性能评价方法研究

本专题对某高速公路在用波形梁护栏进行了现场测量和力学试验测定，通过现场交通流观测获取了公路实际行驶车辆的车型构成比例、车辆总质量以及运行速度等基础数据，又通过路政部门的交通事故记录获取了碰撞波形梁护栏的事故基础资料。

通过对上述调查资料的整理、分析、归纳和总结，基于护栏可靠性理论进行某高速公路在用波形梁护栏安全性能评价。评价方法和评价步骤具体如下：

(1) 对现场护栏的结构尺寸、材料性能指标进行测定，复核防护等级 E_0。
(2) 依据交通流观测数据计算现场车辆的碰撞能量 E_i。
(3) 对比现场护栏防护等级 E_0 对应的设计防护能量以及现场车辆碰撞能量，确定现场护栏的防护比例，初步评价在用护栏的安全性能。
(4) 根据护栏相关交通事故调查统计结果，确定车辆碰撞护栏事故中的护栏成功防护比例，进一步评价在用护栏的安全性能。

3.4.1 护栏现场测定和防护等级复核

某高速公路(江苏段)扩建工程于2004年完成设计，护栏的设计主要依据《高速公路交通安全设施设计及施工技术规范》(JTJ 074—1994)的规定，路侧和中央分隔带护栏的结构形式为波形梁钢护栏。

根据《某高速公路(江苏段)扩建工程安全设施施工图设计》文件，某高速公路路侧波形梁护栏采用外径为140mm的立柱、厚度为3mm的波形梁护栏板，护栏板通过防阻块固定在立柱上。普通型波形梁护栏的立柱设置间距为4m，加强型波形梁护栏的立柱设置间距为2m。某高速公路路侧波形梁护栏的技术规格见表3-9。

某高速公路主线中央分隔带波形梁护栏采用外径为114mm的立柱、厚度为3mm的波形梁护栏板，护栏板通过防阻块固定在立柱上。普通型波形梁护栏的立柱设置间距为4m，加强型波形梁护栏的立柱设置间距为2m。某高速公路中央分隔带波形梁护栏的技术规格见表3-10。

某高速公路路侧波形梁护栏技术规格　　　　　　　　　　表 3-9

设置位置	护栏类型与防护等级	技 术 规 格
路侧护栏	普通型 B 级	立柱间距:4m 横梁中心高度:60cm(距离路面) 护栏构件: 　护栏板:4320mm×310mm×85mm×3mm 　立柱:φ140mm×2000mm×4.5mm 　防阻块:178mm×200mm×3mm
路侧护栏	加强型 B 级	立柱间距:2m 横梁中心高度:60cm(距离路面) 护栏构件: 　护栏板:4320mm×310mm×85mm×3mm 　立柱:φ140mm×2000mm×4.5mm 　防阻块:178mm×200mm×3mm

某高速公路中央分隔带波形梁护栏技术规格　　　　　　表 3-10

设置位置	护栏类型与防护等级	技 术 规 格
中分带护栏	普通型 Bm 级	立柱间距:4m 横梁中心高度:60cm(距离路缘石顶面) 护栏构件: 　护栏板:4320mm×310mm×85mm×3mm 　立柱:φ114mm×1970mm×4.5mm 　防阻块:178mm×200mm×3mm
中分带护栏	加强型 Bm 级	立柱间距:2m 横梁中心高度:60cm(距离路缘石顶面) 护栏构件: 　护栏板:4320mm×310mm×85mm×3mm 　立柱:φ114mm×1970mm×4.5mm 　防阻块:178mm×200mm×3mm

在某高速公路随机选取 6 个点对路侧波形梁护栏进行现场测量,各实测项目的设计值和实测值汇总见表 3-11。

各实测项目的设计值和实测值(单位:mm)　　　　　　表 3-11

实测项目	设计值	实测值	偏差	规定值或允许偏差
立柱间距	4000	4036	+36	±50
立柱直径	140	140	0	±1.40
立柱金属壁厚	4.5	4.45	−0.05	±0.5
波形梁板中心高度	600	600	0	±20
波形梁板厚	3	3.16	+0.16	±0.16

根据现场调研和测试结果可知,目前某高速公路波形梁钢护栏采用热浸镀锌防腐处理后再喷塑,各构件的镀锌层厚度余量符合《高速公路交通工程钢构件防腐技术条件》(GB/T 18226—2000)的技术要求。

在某高速公路截取波形梁护栏板样品,经实验室测试获得力学性能数据见表3-12,力学性能考核指标均能满足设计要求。

某高速公路护栏板样品力学性能(单位:MPa)　　　　　表3-12

测试项目	考核指标	护栏板-1	护栏板-2	护栏板-3
抗拉强度	≥375	421.42	480.433	412.667
屈服强度	≥235	306.7	373.73	338.605

综上所述,某高速公路中分带和路侧护栏除无锡路基沉陷路段外,4m立柱间距的护栏防护等级 E_0 均能达到《高速公路交通安全设施设计及施工技术规范》(JTJ 074—1994)规定的 A 级(93kJ),2m 立柱间距的护栏防护等级 E_0 均能达到 S 级(165kJ)。

3.4.2 现场车辆碰撞能量与安全性能评价

3.4.2.1 车型构成

根据某高速公路2013年9月1日~12月24日14个断面的交通调查数据24h报表的统计数据,得到车型组成及百分比,分别见表3-13和图3-14。

某高速公路车型组成百分比　　　　　表3-13

车型组成	车重分类标准	百分比(%)
中小客车	—	42.7
大客车	—	4.6
小型货车	W≤6t	27.3
中型货车	6t<W≤14t	7.8
大型货车		5.3
特大型货车	W>14t	7.2
集装箱车		5.2

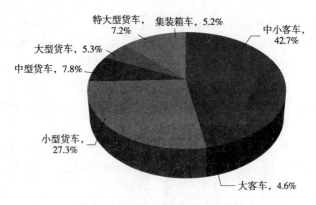

图3-14 某高速公路车型组成百分比

由表3-13和图3-14可知,中小客车在某高速公路的车型组成中所占百分比最高,为

42.7%,其次是小型货车,所占百分比为 27.3%。这两种车型一般统称为小型车辆。某高速公路的车型组成以小型车辆为主,百分比之和高达 70%。大客车和中型货车为中型车辆,所占百分比分别为 4.6% 和 7.8%,百分比之和为 12.4%。大型货车、特大型货车和集装箱车为大型车辆,百分比之和为 17.7%。

3.4.2.2 运行速度

(1)小客车运行速度。

采用激光测速仪对某高速公路常州、无锡、苏州共 5 个路段的实际运行速度进行了观测,观测点均设立在路侧护栏设置位置处。选取小客车的观测结果进行分析,将小客车的运行速度以 10km/h 为组距分为 9 组,分别计算各组所占的百分比以及累计百分比。表 3-14 为分组后的统计结果。

某高速公路小客车运行速度分组统计结果　　　　　表 3-14

分组编号	速度 (km/h)	累计百分比(%)				
		常州段 (K168)	无锡段 (K1102)	无锡段 (K1114)	苏州段 (K1136)	苏州段 (K1148)
1	60~70	2.7	3.5	4.1	4.9	1.5
2	70~80	7.6	11.4	18.1	15.0	6.5
3	80~90	21.8	36.6	45.9	39.5	19.9
4	90~100	43.4	70.1	78.1	73.8	48.6
5	100~110	77.4	90.9	95.4	94.4	80.1
6	110~120	95.9	98.0	99.3	99.5	96.1
7	120~130	99.3	100	99.9	100	99.4
8	130~140	99.6	—	99.9	—	99.7
9	140~150	100.0	—	100	—	100
样本数量		751	254	2727	2925	1421
平均速度(km/h)		102.4	84.1	91.2	92.9	100.5
85%位速度(km/h)		112.6	106.5	102.8	104.4	111.9

由表 3-14 的统计结果可知:

①常州段与苏州段 K1148 处的测速结果相似:速度低于 80km/h 的小客车仅占 7.6% 和 6.5%,速度低于 100km/h 的小客车分别占 43.4% 和 48.6%,绝大多数小客车的运行速度低于设计速度 120km/h,两个路段的百分比分别为 95.9% 和 96.1%。

②无锡段和苏州段 K1136 处互通立交分布密集,交通量大,小客车的测速结果低于上述两个路段:速度低于 100km/h 的小客车分别占 78.1% 和 73.8%,几乎所有的小客车的运行速度均低于设计速度 120km/h。

③各路段的平均速度,无锡段最低,为 84.1km/h,常州段和苏州段最高,超过 100km/h。无锡段的 85% 位速度最低,为 102.8km/h,常州段和苏州段最高,在 112km/h 左右。

(2)货车运行速度分析。

将大型、中型和小型货车的运行速度观测结果合并进行分析。以 10km/h 为组距分为 5 组,分别计算各组所占的百分比以及累计百分比。表 3-15 为分组后的统计结果。

某高速公路货车运行速度分组统计结果　　　　　表 3-15

分组编号	速度（km/h）	累计百分比(%)				
		常州段（K168）	无锡段（K1102）	无锡段（K1114）	苏州段（K1136）	苏州段（K1148）
1	60~70	33.5	41.8	30.3	52.6	29.4
2	70~80	69.8	80.0	68.5	82.2	62.3
3	80~90	87.7	91.8	89.6	96.5	85.5
4	90~100	97.1	100	98.6	98.5	97.5
5	100~110	100.0	—	100	100	100
样本数量		454	110	958	1215	401
平均速度(km/h)		76.3	73.2	76.1	71.7	78.1
85%位速度(km/h)		88.2	81.9	87.7	82.1	90.8

由表 3-15 的统计结果可知：

①某高速公路速度低于 80km/h 的货车在 60% 以上，绝大多数货车的运行速度低于 100km/h，百分比大约占 98%。

②货车的平均速度在 71.7~78.1km/h 之间。

③无锡段货车的 85% 位速度最低，为 81.9km/h；苏州段最高，为 90.8km/h。

激光测速仪根据车长、轴数和轴组数将货车车型进一步细分为 9 种。测速结果剔除了样本数量少于 10 辆的数据所对应的车型，分别统计 6 种货车车型的平均速度和 85% 位速度，结果见表 3-16。由统计结果可知，两轴货车的平均速度最高，为 74.6km/h，三轴半挂车的平均速度最低，为 68.6km/h。两轴货车的 85% 位速度最高，为 88.5km/h；三轴半挂车和四轴半挂车的 85% 位速度相对较低，分别为 70.0km/h 和 74.8km/h；其余车型都非常接近，在 78km/h 左右。

某高速公路货车运行速度分车型统计结果　　　　　表 3-16

车型	两轴货车	三轴货车	四轴货车	三轴半挂车	四轴半挂车	五轴半挂车
轴数	2	3	4	3	4	5
轴组数	2	2	2	3	≥3	≥3
样本数量(辆)	2114	319	115	32	90	477
平均速度(km/h)	74.6	69.3	70.5	65.3	65.8	69.3
85%位速度(km/h)	88.5	79.2	78.8	70.0	74.8	77.9

3.4.2.3　车重分析

根据某高速公路南京主线收费站和花桥主线收费站计重收费设备 2013 年 12 月所采集的货车车重数据，以 10t 为组距分为 6 组，分别计算各组所占的百分比及累计百分比。表 3-17 为分组后的统计结果。

某高速公路货车车重分组统计结果　　　　　　　　　　　　　　表 3-17

车重(t)	南京收费站		花桥收费站	
	百分比(%)	累计百分比(%)	百分比(%)	累计百分比(%)
≤10	36.5	36.5	46.9	46.9
10~20	23.7	60.2	27.2	74.1
20~30	11.0	71.2	10.5	84.6
30~40	8.8	80.1	5.8	90.4
40~50	9.6	89.6	4.6	95.0
>50	10.4	100.0	5.0	100

由表3-17南京收费站的统计结果可知：车重低于10t的货车占36.5%，车重低于40t的货车占80.1%，绝大多数的货车车重在50t以下，占89.6%。

由表3-17花桥收费站的统计结果可知：车重低于10t的货车占46.9%，车重低于40t的货车占90.4%，绝大多数的货车车重在50t以下，占95.0%。即

①南京收费站：63.5%的货车车重高于10t，19.9%的货车车重高于40t，10.4%的货车车重高于50t。

②花桥收费站：63.5%的货车车重高于10t，9.6%的货车车重高于40t，5.0%的货车车重高于50t。

根据南京收费站和花桥收费站的货车车重记录数据，及表3-16中激光测速仪对货车车型的划分标准，统计计算出对应的各种车型的车辆平均总质量，见表3-18。

某高速公路货车车重分车型统计结果(单位:t)　　　　　　表 3-18

车型	两轴货车	三轴货车	四轴货车	三轴半挂车	四轴半挂车	五轴半挂车
南京	7.029	17.296	23.095	26.085	31.880	42.130
花桥	6.791	17.490	23.508	23.988	28.671	37.588

3.4.2.4 碰撞能量与护栏安全性能评价

根据车辆运行速度 v_i 及对应车型的车辆平均总质量 m_i，计算出每辆调查车辆的碰撞能量，绘制现场车辆碰撞能量 E_i 累计百分比曲线。

现场车辆碰撞护栏的碰撞能量按式(3-1)计算确定。

根据车辆的运行速度及对应车型的车辆平均总质量，计算出每辆调查车辆的碰撞能量，5个测速路段的碰撞能量累计百分比见表3-19，绘制现场车辆碰撞能量累计百分比曲线如图3-15所示。

各测速路段现场车辆碰撞能量累计百分比　　　　　　　表 3-19

防护等级	碰撞能量(kJ)	累计百分比(%)				
		常州段(K168)	无锡段(K1102)	无锡段(K1114)	苏州段(K1136)	苏州段(K1148)
B	93	66.0	74.0	77.4	77.6	80.0
A	160	79.9	84.3	89.4	89.0	89.9
SB	280	86.7	90.4	94.4	93.1	94.9

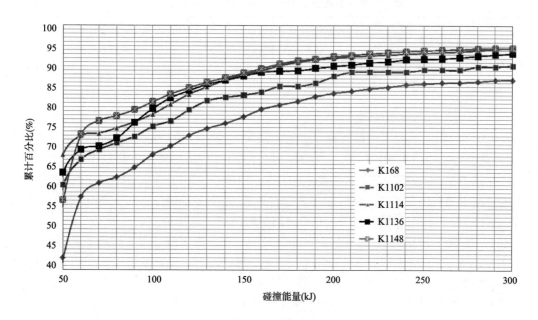

图 3-15 现场车辆碰撞能量累计百分比曲线

由表 3-19 的统计结果可知,某高速公路现有的波形梁护栏(B 级,93kJ)对应的车辆碰撞能量累计百分比,常州段最低,为 66%,苏州段最高,为 80%。这意味着某高速公路现有波形梁护栏能够防住 66% ~ 80% 的碰撞能量小于 93kJ 的失控车辆,使其不翻越或穿越护栏。

防护等级为 A 级(160kJ)的波形梁护栏在车辆碰撞能量累计百分比曲线上对应的百分比在 80% ~ 90% 之间。除常州段外,防护等级为 SB 级(280kJ)的波形梁护栏在车辆碰撞能量累计百分比曲线上对应的百分比均超过 90%。这意味着将某高速公路现有波形梁护栏防护等级提高到 A 级,能够防住的失控车辆可提高 10 ~ 14 个百分点;若提高到 SB 级,能够防住的失控车辆最高可提高 20 个百分点。

《公路交通安全设施设计规范》(JTG D81—2006)提出我国护栏设计遵循的原则,保证 85% ~ 90% 以上的失控车辆不会越出、冲断或下穿护栏。根据这一原则,某高速公路全线护栏防护等级可设置为 A 级(160kJ),个别需要进行重点防护的路段,如事故多发段,防护等级可提高一级至 SB 级(280kJ)。

3.4.3 某高速公路碰撞护栏事故分析

以某高速公路无锡段为例,2013 年 1 ~ 12 月共发生 281 起车辆碰撞护栏的事故,其中碰撞中央分隔带护栏 146 起,碰撞路侧护栏 135 起。本书将碰撞事故中中央分隔带一侧护栏板断裂且车头进入绿化带或车辆穿越两道护栏板进入对向车道的情况定义为"穿越中央分隔带护栏",将碰撞事故中路侧车辆冲出路外的情况定义为"穿越路侧护栏"。

某高速公路无锡段 2013 年车辆碰撞护栏事故的统计情况见表 3-20。

某高速公路无锡段 2013 年车辆碰撞护栏事故统计表 表 3-20

护栏位置	碰撞事故数量（起）	分车型统计碰撞事故数量（起）及百分比		穿越护栏事故数量（起）及百分比	
		小客车	货车及大客车	小客车	货车及大客车
中央分隔带	146	111/76%	35/24%	8/7.2%	10/28.6%
路侧	135	88/65.2%	47/34.8%	0/0%	13/27.7%

从表 3-20 可知，某高速公路无锡段中央分隔带共发生碰撞护栏事故 146 起，其中 18 起事故穿越护栏，占碰撞护栏事故总起数的比例为 12.3%。路侧共发生事故 135 起，其中 13 起事故穿越护栏，占碰撞护栏事故总起数的比例为 9.6%。

在碰撞中央分隔带护栏的 146 起事故中，111 起为小客车碰撞，占 76%；35 起为货车和大客车碰撞，占 24%。这与前述的某高速公路车型组成情况相符。

在 111 起小客车碰撞中央分隔带护栏的事故中，有 8 起事故小客车穿越护栏，所占百分比为 7.2%；在 35 起货车和大客车碰撞中分带护栏的事故中，有 10 起事故车辆穿越护栏，所占百分比为 28.6%。

某高速公路路侧波形梁护栏的结构与中央分隔带护栏不同。路侧护栏设置了 B 级二波护栏和 SB 级三波护栏两种，其中 B 级二波护栏采用 $\phi140mm \times 4.5mm$ 立柱（中分带立柱为 $\phi114mm \times 4.5mm$）。从碰撞事故的情况来看，路侧护栏对于小客车的防护效果优于中央分隔带护栏。在碰撞路侧护栏的 135 起事故中，88 起为小客车碰撞（65.2%），47 起为货车和大客车碰撞（34.8%）。在 88 起小客车碰撞路侧护栏的事故中，无穿越护栏的情况；在 47 起货车和大客车碰撞路侧护栏的事故中，有 13 起事故车辆穿越护栏，所占百分比为 27.7%。

从碰撞事故的统计结果来看，某高速公路中央分隔带护栏对于小客车具有一定的防护作用，但仍然存在穿越护栏的风险。中央分隔带和路侧护栏对于货车和大客车的防护效果欠佳，高达 28.6% 的事故车辆穿越护栏。这一情况充分说明，相对于现在的防护需求而言，该高速公路护栏本身设计条件和防护等级偏低。

第4章 在用A级波形梁钢护栏应用关键参数对防护性能的影响

4.1 在用波形梁护栏材料力学性能分析

波形梁护栏是一种连续的梁柱式护栏结构,主要依靠立柱、防阻块和波形梁板等构件的变形来吸收能量,以防止失控车辆冲出路外或驶向对向车道。自1989年以来,波形梁护栏在我国得到了广泛的应用,是当前公路上使用最广泛的一种护栏形式,对促进公路交通安全起到了积极而重要的作用。波形梁护栏的立柱、防阻块、波形梁板和连接螺栓的基底材料通常采用Q235钢,拼接螺栓采用45号钢。以往的实车碰撞试验结果表明,在车辆碰撞护栏的过程中,拼接螺栓几乎不会发生变形和破坏,大部分碰撞能量被波形梁板、立柱和防阻块吸收。因此,有必要对在用护栏波形梁板、立柱和防阻块等金属材料进行力学性能研究,以评估护栏在使用条件发生变化后防护能力的变化情况。

4.1.1 护栏材料的力学测试指标

金属材料的力学性能是指金属在外加荷载(外力或能量)作用下或荷载与环境因素(温度、介质和加载速率)联合作用下所表现的行为。金属材料的力学性能通过弹性、强度、硬度、塑性和韧性等方面来反映,定量描述这些性能的是力学性能指标。力学性能指标包括弹性模量、屈服强度、抗拉强度、延伸率、截面收缩率、冲击韧性、疲劳极限、断裂韧性等。这些力学性能指标是通过一系列试验测定的。试验包括静荷载试验、循环荷载试验、冲击荷载试验以及裂纹扩展试验等,其中静态拉伸试验是测定大部分材料常用力学性能指标的最常用的方法。通过静态拉伸试验,可获得金属材料的静态应力—应变曲线。由于车辆与护栏碰撞是一个动态过程,简单地用材料静态下的力学行为去分析护栏的防护能力是远远不够的。因为材料强度一般会随应变率变化而变化,或者说材料在较高的应变率下会表现出其他一些静力作用下所没有的性质,这就是所谓的应变率效应。对于大多数金属材料,应变率效应表现为应变率强化,即随着应变率的增加,材料的屈服强度增大。此外,我国幅员辽阔,各地气温千差万别,尤其东北冬天温度很低,护栏在低温环境下材料的力学性能可能会发生变化,进而可能影响到护栏的安全使用。因此,进行护栏材料力学性能分析时,有必要开展护栏材料在常、低温准静态和动态冲击荷载作用下的力学性能试验研究,以获得静态、动态和低温条件下材料的屈服强度、抗拉强度、断后延伸率、截面收缩率、极限应变等指标。

《高速公路交通工程及沿线设施设计通用规范》(JTG D80—2006)规定,波形梁护栏的使用年限应不小于15年。因此,试验对京沪高速公路北京段选取的在用波形梁板材料进行了力学性能试验,该护栏板服役时间大于15年。为了进一步了解在用护栏力学性能的变化情况,试验还对新出厂的波形梁板进行了力学性能试验。试验中,在用护栏材料编号为1号,新材料编号为2号。

4.1.2 材料常温准静态力学性能试验方案

材料的常温准静态力学性能主要采用MTS万能材料试验机进行测试,其精度较高,重复性好,且易于控制。试验采用的MTS试验机最大量程为100kN,如图4-1所示。

图4-1 材料试验机(100kN MTS)

图4-2为典型延展性金属材料的准静态拉伸应力—应变曲线。试验过程中,材料的应力由试验机提供的荷载F和试件截面面积A计算得到,而试件中的应变则由引伸计或者电阻应变片测量得到。由图4-2可知,材料将首先经历线弹性段,然后是短暂的屈服段,接着会发生强化。当应力达到最大值时,由于颈缩和损伤的发生,试件逐渐软化直至断裂。从应力—应变曲线中,可以得到材料的弹性模量E、屈服强度σ_y、抗拉强度σ_b和极限应变ε_f,另外通过对试验后试件的残余变形测量可以得到该材料的延伸率δ和截面收缩率Ψ。

根据标准材料力学性能测试方法,设计了如图4-3所示的拉伸试件,其形状类似于狗骨头,两端的加持段直径较大,而中间均匀细长部分为试验段,连接处采用圆弧过渡,其半径为 R。设试验段和加持段的长度和宽度分别为 L_0、L_1、b_0、b_1,试件厚度 a_0。由于护栏原材料是薄壁板材,所以根据要求及《金属材料 拉伸试验 第1部分:室温试验方法》(GB/T 228.1—2010)进行设计薄板型试样。将拉伸试件从板材上切下并加工成所需要的试样。拉伸试件的具体尺寸设计见表4-1。

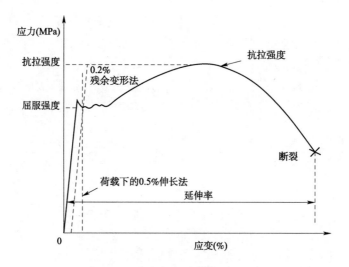

图4-2 典型金属材料应力应变曲线

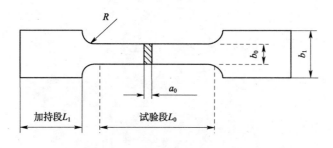

图4-3 拉伸试件示意

常温准静态拉伸试件的初步设计参数　　　　表4-1

序号	试验段(mm)		加持段(mm)		过渡段半径 R	厚度 a_0 (mm)	加载速度 (mm/min)	预计应变率	预计最大拉力(kN)
	宽度 b_0	长度 L_0	宽度 b_1	长度 L_1					
1	10	60	20	35	5	2	3.6	0.001	14
2	10	60	22	64	6	2	3.6	0.001	14

表4-1给出了各种试件的加载速度,并且确保各个试件的应变率一致。假设该材料的强度极限为700MPa,表中给出了试件的最大拉伸荷载。根据对试验的初步规划和计算,采用 MTS Landmark/100kN 试验机进行。主要试验仪器如图4-1所示。按照表4-1的要求及《金属材料 拉伸试验 第1部分:室温试验方法》(GB/T 228.1—2010)的规定进行了试件的设计,每种材料加工6个试件。

4.1.3 材料动态力学性能试验方案

4.1.3.1 试验原理与技术方案

材料的动态拉伸试验将采用分离式霍普金森拉杆进行。分离式霍普金森拉杆装置如图4-4所示,其主要由套筒式撞击杆、入射杆、透射杆、动态应变仪和示波器组成,其中试件被夹持在入射杆和透射杆之间。其工作原理如下:首先,通过空气枪中的压缩空气驱动撞击杆以一定的速度撞击入射杆的右端,从而在其中产生一个入射拉伸脉冲(入射波);当入射波沿入射杆向左传至试件与入射杆交界面时,该拉伸脉冲将作用到试件上,并在试件两端面多次反射透射,造成试件的高速变形;与此同时,形成在入射杆中传播的反射波以及在透射杆中传播的透射波。通过粘贴在入射杆和透射杆上的应变片测得加载脉冲的入射波、反射波和透射波形,根据应力波理论可计算出试件的应变率、动态应力和变形等参数。

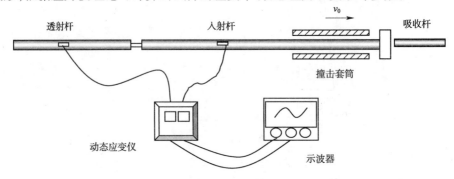

a) 分离式霍普金森拉杆示意图

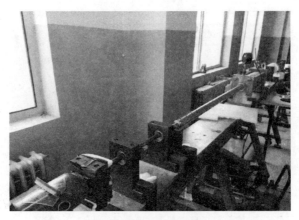

b) 分离式霍普金森拉杆实物图

图4-4 分离式霍普金森拉杆装置

试验所采用的霍普金森拉杆由高强度钢制成,直径为19mm,入射杆和透射杆长度分别为2.5m和1.2m,撞击杆共有三种长度:0.5m、0.35m和0.2m。通常用于发射子弹的压缩空气气压在0.1~0.6MPa,可将子弹加速到30~40m/s。

SHPB试验技术是建立在两个基本假定的基础上的,即杆中一维应力波假定和试件内部应变/应力均匀假定。典型的霍普金森拉杆的波形如图4-5所示。

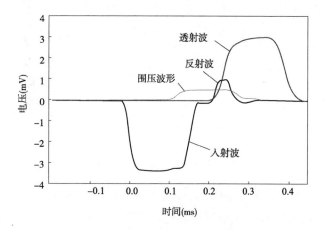

图 4-5 典型霍普金森拉杆波形

通过入射杆上的应变片可以测得入射波和反射波,而透射杆上的应变片则可以测到透射波的应变信号。在上述两个基本假设的基础上,试件的动态应力 $\sigma_S(t)$、应变率 $\dot{\varepsilon}_S(t)$ 和应变 $\varepsilon_S(t)$ 可由下式得到:

$$\sigma_S(t) = \frac{A_0}{2A_S}(\sigma_I + \sigma_R + \sigma_T) \tag{4-1}$$

$$\dot{\varepsilon}_S(t) = \frac{v_1 - v_2}{L_S} = \frac{v_I + v_R - v_T}{L_S} \tag{4-2}$$

$$\varepsilon_S(t) = \int_0^t \dot{\varepsilon}_S(t)\,\mathrm{d}t = \frac{1}{L_S} \cdot \int_0^t (v_I + v_R - v_T)\,\mathrm{d}t \tag{4-3}$$

式中,A_0 为压杆横截面积;A_S 为试件横截面积,L_S 为试件长度,σ、ε 和 v 分别表示应力、应变和质点速度,其中脚标 I、R、T、S 分别对应入射波、反射波、透射波和试件。因此,在试验中,只要测得试件与输入杆界面 X_1 处的应力 $\sigma_S(X_1,t)$ 和质点速度 $v(X_1,t)$,以及试件与透射杆界面 X_2 处的应力 $\sigma_S(X_2,t)$ 和质点速度 $v(X_2,t)$,就可由上述公式计算得到各个量值。根据一维应力应变关系及弹性波理论分别得到:

$$v_1 = v_I + v_R = C_0(\varepsilon_I - \varepsilon_R) \tag{4-4}$$

$$v_2 = v_T = C_0\varepsilon_T \tag{4-5}$$

代入式(4-1)~式(4-5)即可得到:

$$\sigma_S(t) = \frac{EA_0}{2A_S}(\varepsilon_I + \varepsilon_R + \varepsilon_T) \tag{4-6}$$

$$\dot{\varepsilon}_S(t) = \frac{C_0}{L_S}(\varepsilon_I - \varepsilon_R - \varepsilon_T) \tag{4-7}$$

$$\varepsilon_S(t) = \frac{C_0}{L_S}\int_0^t (\varepsilon_I - \varepsilon_R - \varepsilon_T)\,\mathrm{d}t \tag{4-8}$$

式(4-6)~式(4-8)即为 SHPB 试验数据处理中的三波法。

根据试件内部均匀性假设,按照一维应力波理论则有:

$$\varepsilon_I(t) + \varepsilon_R(t) = \varepsilon_T(t) \tag{4-9}$$

因此,可以根据入射波 $\varepsilon_I(t)$、反射波 $\varepsilon_R(t)$ 以及透射波 $\varepsilon_T(t)$ 中的任意两个波来计算试件的应力 $\sigma_S(t)$、应变率 $\dot{\varepsilon}_S(t)$ 和应变 $\varepsilon_S(t)$。如果采用反射波 $\varepsilon_R(t)$ 和透射波 $\varepsilon_T(t)$ 进行计算,则有:

$$\sigma_S(t) = \frac{EA_0}{2A_S}\varepsilon_T(t) \quad (4\text{-}10)$$

$$\dot{\varepsilon}(t) = -\frac{2C_0}{L_S}\varepsilon_R(t) \quad (4\text{-}11)$$

$$\varepsilon_S(t) = -\frac{2C_0}{L_S}\int_0^t \varepsilon_R(t)\,\mathrm{d}t \quad (4\text{-}12)$$

式(4-10)~式(4-12)即为 SHPB 试验中经常采用的二波法。

需要强调的是,以上方程推导中利用的是一维应力波理论和均匀性假设等,而在霍普金森拉杆的实际操作过程中仍然存在诸多问题,如应力均匀性问题、杆子的弯曲和对齐问题、拉伸试件的夹持问题、二维效应与波的弥散效应、应变率恒定性的问题等。为了保障动态试验结果的可靠性和有效应,针对以上问题的分析与解决方案如下。

(1)应力均匀性问题。当加载脉冲波传至入射杆和试件的界面时,需要在试件内部来回反射,一般认为:应力波(脉冲)至少应在试件中传 4 个来回以后,试件中的应力才基本达到均匀。考虑到入射波的持续时间为 $2L/C$,因此如果子弹的长度远远大于试件的长度就可以认为试件中的应力达到均匀。在该试验中,最小子弹的长度为 200mm,试件的长度小于 20mm,即可满足应力均匀性条件。

(2)杆子的弯曲与对齐问题。在实际试验中,拉杆往往会因为重力、人为等因素导致弯曲,使得应力波在杆中的传播过程中产生一定的弯曲波。不过这一效应对拉杆的影响远小于压杆。另外,如图 4-4 所示,子弹撞击入射杆右端面时,子弹的端面和撞击面不可能绝对平行,必然会有一定的倾斜,因此真实的撞击时,首先是点接触,然后随着端面的变形而转变成面接触。这一过程会形成弯曲震荡波,从而导致入射脉冲有一个较高的尖锋,如图 4-5 所示。该效应可以通过在端部贴上厚度较小的软材料来消除或减弱,该材料被称为波形整型器。

(3)拉伸试件连接方式的影响。相对于霍普金森压杆,拉杆的试件与杆连接方式较为复杂,当前主要的连接方式有:螺纹连接、胶粘、楔形面等。螺纹连接相对简单,将试件两端加工出螺纹,而拉杆端部加工为内螺纹,然后连接起来。其缺点是试件与杆之间必然存在间隙,给应变的测量带来一定的误差。胶结比较紧密,但是由于胶本身的强度大大低于被测材料,因此胶的变形会包含在测量中,从而带来较大的误差。楔形面连接可以通过在杆端部加工出楔形凹槽,并将试件加工成对应的形状,试验时直接将其嵌入,从而避免螺纹和胶粘等手段,但是试件的通用性较差。另外,拉杆自由表面较多,增加了入射波的反射次数,也会对加载波形有一定的影响。

根据以上分析,采用螺纹连接方式操作简单,通用性强,试验采用该种连接方式。但是,由于护栏材料为板材,只能加工成片状的试件,所以需要配上一个夹具。对于夹具螺纹连接存在间隙的影响,和夹具与试件之间、螺栓之间的影响,需要结合试验后试件的实际变形的测量对结果进行修正。

(4)二维效应的影响。在霍普金森拉杆试验中,试件的面积通常要小于杆的面积,而这种试件与杆之间的面积失配会带来显著的二维效应。试件和杆的面积之间相差越多二维效应就越明显,不过由于二维效应是弥散的,因此可以通过将应变片的位置远离端面来减弱二维效应的影响。还可以采用透射信号的反射波进行处理,进一步消除二维效应的影响。

4.1.3.2 动态拉伸试验方案

试验采用直径为19mm的分离式霍普金森拉杆进行。考虑到材料的准静态抗拉强度约为700MPa,为了提高信噪比,采用弹性模量较低的钛合金拉杆。初步设计片状拉伸试件,典型夹具的设计如图4-6所示,其中两端为M10的螺纹连接段。典型动态拉伸试件的设计如图4-7所示。

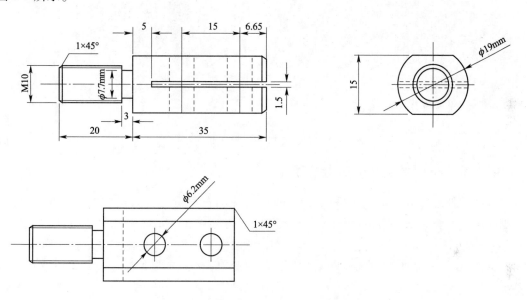

图4-6 典型夹具的尺寸设计(尺寸单位:mm)

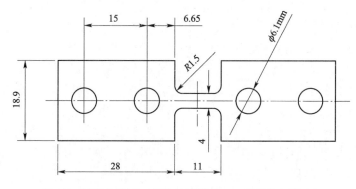

图4-7 典型试件的尺寸设计(尺寸单位:mm,厚度为1.45mm)

根据试件的尺寸、加工数量与用途见表4-2。需要说明的是,霍普金森杆试验中由于气压和摩擦力等综合因素,试件的实际应变率具有一定的不确定性,因此具体的应变率需要根据每次试验结果计算得到。图4-8给出了试件加工后的试样图。

动态拉伸试件尺寸与数量　　　　　　表 4-2

序　号	试验段尺寸 （长×宽×厚,mm）	数　量	预计应变率范围
1号材料	8×4×1.45	20	500~3000
2号材料	8×4×1.45	20	500~3000

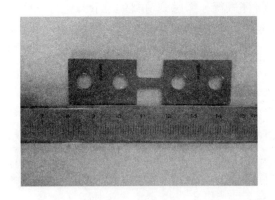 

图 4-8　材料试件加工后情况

4.1.4　材料低温拉伸试验方案

材料的低温拉伸力学性能采用 MTS 试验系统和自行设计的低温控制系统进行研究。根据我国气候条件,最低温在黑龙江漠河地区,可达 -55℃,而西伯利亚最低温能到达 -70℃,因此为了覆盖这一温度范围,试验中最低温度为 -70℃。低温加载系统原理如图 4-9 所示,实物如图 4-10 所示,该试验系统包括温度控制仪、液氮、温度传感器、固态继电器和变压器等。

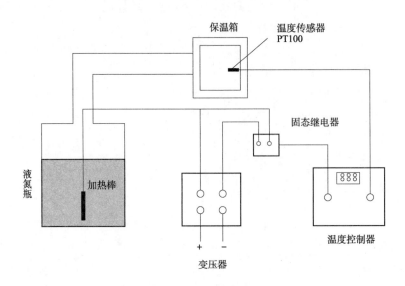

图 4-9　低温控制系统原理图

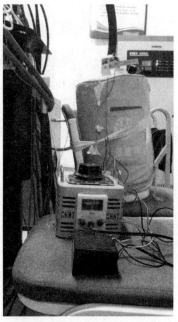

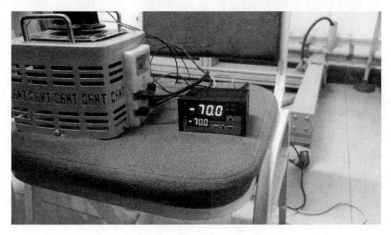

图 4-10 低温拉伸试验系统

考虑到夹具及保温箱的尺寸限制,设计了低温拉伸试件,见表 4-3。其设计图和加工后情况如图 4-11 所示。

低温(-70℃)拉伸试验规划   表 4-3

序号	试验段(mm)		加持段(mm)		过渡段 半径 R	厚度 a_0 (mm)	加载速度 (mm/min)	预计应变率	预计最大拉力(kN)	有效试验曲线(根)
	宽度 b_0	长度 L_0	宽度 b_1	长度 L_1						
1 号材料	10	60	22	64	6	2	3.6	0.001	14	3
2 号材料	10	60	22	64	6	2	3.6	0.001	14	3

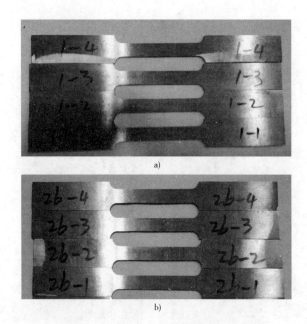

图 4-11 材料准静态低温拉伸试件加工后情况

4.1.5 护栏材料力学性能测试结果与分析

4.1.5.1 常温准静态拉伸试验结果

在用护栏材料常温准静态拉伸试验加载速率为 3.6mm/min,名义应变率为 0.001(1/s),应力—应变曲线结果如图 4-12 所示。需要说明的是,由于试件是片状的,加工试验段的精度不好控制,会造成试验结果有些许的差异。

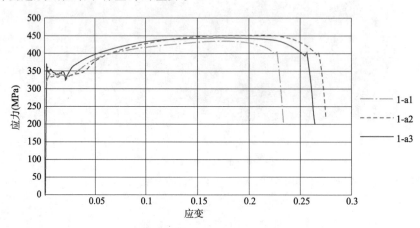

图 4-12 在用护栏材料准静态拉伸应力—应变曲线

通过对试验数据进行处理,得到了各个试件的弹性模量、屈服应力及抗拉极限,结果见表 4-4。由此可以得出,该规格试件的平均弹性模量为 $E = 207.3\text{GPa}$。该材料有明显的屈服平台,其平均屈服强度 $\sigma_y = 339.6\text{MPa}$,平均抗拉强度 $\sigma_b = 442.2\text{MPa}$,平均极限应变 $\varepsilon_f = 25.7\%$。经测量试件试验前后的变形,可得到试件的平均断后延伸率为 24.61%,而截面收缩率为 49.26%。

在用护栏材料常温准静态拉伸试验结果　　　　表 4-4

试件	E (GPa)	σ_y (MPa)	σ_b (MPa)	断后延伸率 δ (%)	截面收缩率 ψ (%)	极限应变 ε_f (%)
1-a1	212.87	338.80	433.36	22.25	51.65	23.4
1-a2	204.85	336.09	449.57	26.32	47.38	26.3
1-a3	204.24	343.77	443.54	25.25	48.74	27.5
平均	207.3	339.6	442.2	24.61	49.26	25.7

新护栏材料常温准静态拉伸试验加载速率为 3.6mm/min，名义应变率为 0.001(1/s)，应力—应变曲线结果如图 4-13 所示。

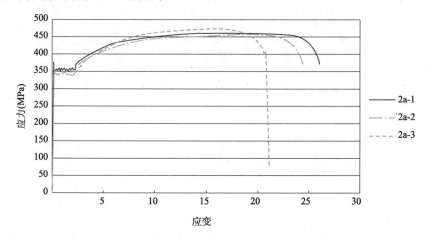

图 4-13　新护栏材料准静态拉伸应力—应变曲线

通过对试验数据进行处理，得到了各个试件的弹性模量、屈服应力及抗拉极限，试验结果见表 4-5。由此可以得出，该规格试件的平均弹性模量为 $E=202$GPa。该材料有明显的屈服平台，其平均屈服强度 $\sigma_y=345.6$MPa，平均抗拉强度 $\sigma_b=462$MPa，极限应变 $\varepsilon_f=23.8\%$。经测量试件试验前后的变形，可得到试件的平均断后延伸率为 24.61%，而截面收缩率为 47.3%。

新护栏材料常温准静态拉伸试验结果　　　　表 4-5

试件	E (GPa)	σ_y (MPa)	σ_b (MPa)	断后延伸率 δ (%)	截面收缩率 ψ (%)	极限应变 ε_f (%)
2a-1	212.0	352	459	27.20	48	26
2a-2	201.0	341	455	25.40	46	24.30
2a-3	193.0	343.7	472	21.40	48	21
平均	202	345.6	462.0	24.61	47.3	23.8

4.1.5.2　常温动态拉伸试验结果

在用护栏材料动态拉伸试验加载应变率范围在 500~2500 之间，主要试验结果见表 4-6。试验中发现，在应变率小于 1600(1/s)时，试件在试验后未发生断裂，因此无法得到其断后延伸率和收缩率。由于应力波的反复作用，在大应变率加载条件下，入射杆在撞击吸收杆后会反弹向后运动，使未断伸长的试件或断裂的试件在断后受到较大的压缩作用，从而使本已拉伸的试件有一定的墩粗,并且破坏了断面的形貌。因此,在较大的发射气压作用时无法得到试件真实的断后延伸率。

在用护栏材料试件的动态拉伸试验结果 表4-6

序号	发射气压	延伸率(%)	截面收缩率(%)	强度(MPa)	应变(%)	应变率(s^{-1})	破坏情况
1	0.14	6.3	14.46	634.8	7.8	583	未断
2	0.14	9.23	10.22	747.9	8.4	640.6	未断
3	0.14	8.82	14.90	676.6	8.7	648	未断
4	0.12	15.12	17.6	650.5	11.4	847.5	未颈缩
5	0.2	15.91	24.8	597.3	11.7	886	未断
6	0.2	—	—	530	13.6	970	未断
7	0.2	16.36	27.6	588.9	12.7	987	未断
8	0.2	33.64	49.5	671.5	20.4	1523	未断
9	0.2	33.46	42	697.5	21	1600	断
10	0.2	28.44	40.2	700.9	21	1600	断
11	0.2	—	—	488.2	16.7	1703	断
12	0.28	32.9	43.4	811.2	28.4	2193	断
13	0.3	29.47	45.1	705.1	30.6	2250	断
14	0.28	31.49	51	765.9	29.4	2251	断
15	0.28	32.41	49	786.4	29.1	2300	断

在用护栏材料强度与应变率之间的关系如图4-14所示,由图可知,随着应变率的提高,材料的强度明显提高。

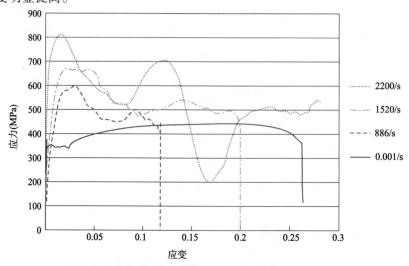

图4-14 不同四种应变率条件下在用护栏材料的拉伸强度比较

新护栏材料动态拉伸试验加载应变率范围在500~2500之间,主要试验结果见表4-7。试验中发现,在应变率小于1100(1/s)时,试件在试验后未发生断裂,因此无法得到其断后延伸率和收缩率。

试件的动态拉伸试验结果　　　　　　　　　　　　　表 4-7

序号	发射气压(MPa)	伸长率(%)	收缩率(%)	应力(MPa)	应变(%)	应变率(s^{-1})	破坏情况
1	0.12	—	—	611	5.62	443	未变形
2	0.12	6.57	4.4	822.1	8.17	603	未颈缩
3	0.12	10.93	10.38	683.3	8.20	635	未颈缩
4	0.12	10	13.06	841.3	9.27	721	未颈缩
5	0.14	0.27	—	733.8	9.80	728	未颈缩
6	0.14	14.98	15.26	783.9	12.67	945	未颈缩
7	0.14	20.88	20.19	744.6	12.54	947	未颈缩
8	0.2	11.93	16.64	694.7	13.65	1000	未颈缩
9	0.14	18.28	17.45	656.9	13.85	1031	未颈缩
10	0.22	23.61	24.97	739.5	14.58	1108	颈缩、弯
11	0.2	20.63	22.21	708.9	13.90	1060	颈缩、弯
12	0.22	21.13	38.6	617.2	14.85	1112	颈缩、弯
13	0.22	20.22	24.56	683.5	15.59	1169	断
14	0.3	25.5	40.81	797.6	17.50	1448	断
15	0.3	28.21	33.26	761.2	19.20	1484	断
16	0.2	33.09	44.37	871.8	19.80	1548	断
17	0.3	36.18	43.7	827.9	28.86	2250	断
18	0.3	31.36	39.52	860	29.29	2256	断

新护栏材料强度与应变率之间的关系如图 4-15 所示,由图可知,随着应变率的提高,材料的强度明显提高。

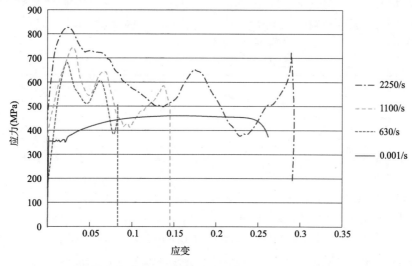

图 4-15　不同四种应变率条件下新护栏材料的拉伸强度比较

由于动态试验条件的限制,无法准确得到高应变率条件下材料的弹性模量。此外,应变率较低的加载试验中,由于只能得到单次加载脉冲的数据,试件并未拉伸到最大应力状态,因此测得的材料强度比实际要低,趋于保守。

4.1.5.3 低温准静态拉伸试验结果

在用护栏材料低温(-70℃)条件下的准静态拉伸试验加载速率为3.6mm/min,名义应变率为0.001(1/s),应力—应变曲线如图4-16所示。

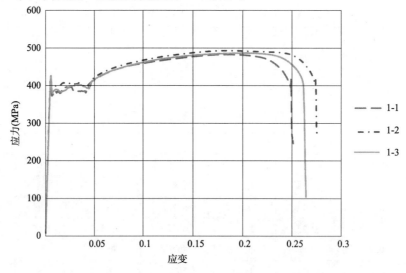

图4-16 在用护栏材料低温拉伸应力—应变曲线

通过对试验数据进行处理,得到了各个试件的屈服强度、抗拉强度及极限应变等指标数值,试验结果见表4-8。由于在低温下没有合适的引伸计,所以对弹性段测量得不准确,所得到的弹性模量没有实际的参考价值。在低温环境下,该材料有明显的屈服平台,其平均屈服强度 σ_y =396.4MPa,平均抗拉强度 σ_b = =488.6MPa,平均极限应变 ε_f =26.3%。经测量试件试验前后的变形,可得到试件的平均断后延伸率为26.77%,而截面收缩率为43.00%。与该材料常温下力学性能相比,低温(-70℃)条件下,其屈服强度提高了16.7%,强度极限提高了10.5%,而极限应变没有发生明显的降低。

在用护栏材料低温拉伸试验结果　　　　表4-8

试件	σ_y(MPa)	σ_b(MPa)	断后延伸率δ(%)	截面收缩率ψ(%)	极限应变ε_f(%)
1-1	389.36	484	25.80	36.65	25.1
1-2	404.90	494	27.83	46.81	27.5
1-3	394.85	488	26.67	45.54	26.4
平均	396.4	488.6	26.8	43.3	26.3

新护栏材料低温(-70℃)条件下的准静态拉伸试验加载速率为3.6mm/min,名义应变率为0.001(1/s),应力—应变曲线如图4-17所示。

通过对试验数据进行处理,得到了各个试件的屈服强度、抗拉强度及极限应变等指标数值,试验结果见表4-9。由于试件2b-3的试验误差较大,所以在计算参数时采用前两组数据。在低温环境下,该材料有明显的屈服平台,平均屈服强度 σ_y =411MPa,平均抗拉强度 σ_b =531MPa,平均极限应变 ε_f =19.3%。经测量试件试验前后的变形,可得到试件的平均断后延伸率为19.6%,而截面收缩率为47.9%。对比常、低温条件下的试验结果,材料在低温下比在常温状态下的屈服强度提高了18.9%,抗拉强度提高了15.0%,极限应变减小了19.6%。

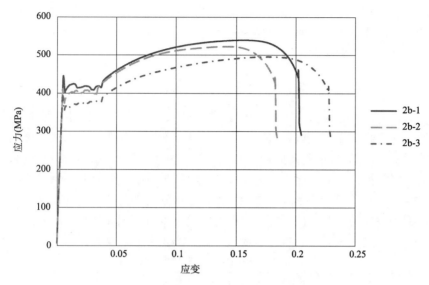

图4-17　新护栏材料低温拉伸应力—应变曲线

新护栏材料低温拉伸试验结果　　　　　　　　　　　　　　　　　　表4-9

试件	σ_y(MPa)	σ_b(MPa)	断后延伸率δ(%)	截面收缩率ψ(%)	极限应变ε_f(%)
2b-1	417.7	539.9	20.7	48.7	20.3
2b-2	404.2	522.7	18.5	47.1	18.3
2b-3	374.2	496.1	23.3	48.8	22.9
平均	411.0	531.0	19.6	47.9	19.3

4.1.5.4　护栏材料力学性能测试结果对比分析

通过对比在用护栏材料和新护栏材料在常温条件下的准静态拉伸试验结果、动态拉伸试验结果以及−70℃低温条件下的准静态拉伸试验结果可知,在用护栏材料的力学性能与新护栏材料的力学性能没有明显差别。也就是说,波形梁护栏在服役期间,其力学性能不会发生明显变化。因此,在用波形梁护栏的使用条件不变化的情况下,随着服役时间的增加,其防护能力不会显著变弱。

通过对比在用护栏和新护栏在常温和低温条件下的屈服强度、抗拉强度、极限应变、断后延展率、截面收缩率等指标数值可知,低温条件下材料的屈服强度和抗拉强度会有一定程度的增加,而极限应变从绝对数值而言变化不大,均在18%以上。也就是说,低温条件下,护栏材料具有较高强度的同时,还具有较好的延展性。因此,在用波形梁护栏在低温条件使用时,其防护性能不会发生显著变化。

4.2　应用关键因素对护栏安全性能的影响

通过调查发现,波形梁护栏在使用过程中存在一定的问题,比如拼接螺栓发生缺失、护栏发生腐蚀、基础压实度不足、护栏中心高度与标准规定值存在一定的偏差等现象较常发生。因此,有必要选取 A 级波形梁护栏作为研究对象,通过改变拼接螺栓缺失形态、腐蚀程度、基础条件以及护栏中心高度,采用有限元方法进行计算机模拟碰撞试验分析,以确定这些因素发生变化后护栏的防护能力能否达到原有的 A 级水平。模拟分析时,护栏的材料参数根据4.1节的试验结果确定。

4.2.1 拼接螺栓缺失对护栏防护性能的影响

波形梁护栏的螺栓分为连接螺栓和拼接螺栓两种,连接螺栓主要用于立柱和防阻块、防阻块和波形梁板之间的连接,拼接螺栓用于相邻两块波形梁板之间的连接。连接螺栓缺失可能造成护栏板高度降低,车辆碰撞护栏时容易骑跨护栏,会明显降低护栏的防护性能;拼接螺栓缺失可能使护栏的抗拉性能损失较大,由于拼接螺栓较多,其缺失数量和布置方式对护栏的防护性能有不同程度的影响。典型的拼接螺栓缺失形态如图4-18所示。

对拼接螺栓缺失的波形梁护栏进行中型客车的计算机模拟碰撞试验,试验条件为:中型客车质量10t、碰撞速度60km/h、碰撞角度20°。计算结果见表4-10。

拼接螺栓缺失护栏中型客车碰撞计算结果　　　　表4-10

序号	缺失数量	布置形式	车辆行驶状态	驶出角(°)	车辆右前轮底部离地最大高度(cm)	护栏最大横向动态变形量(cm)	护栏板螺孔周围最大von-mises等效应力值(MPa)
a	0	—	安全导出	7.9	28	74	705
b	1	—	安全导出	8.5	28	74	806
c	2	—	安全导出	8.7	35	74	873
d	3	—	安全导出	8.8	46	79	847
e	4	上下对称型	安全导出	9.3	29	78	829
f	4	中部对称型	安全导出	8.9	47	78	749
g	4	对角对称型	安全导出	9.2	36	76	849
h	4	左右对角型	安全导出	8.4	41	78	819
i	4	上部对称型	安全导出	8.8	52	78	768
j	4	下部对称型	骑跨	—	49	—	—
k	6	上下对角型	安全导出	8.9	59	82	936
l	6	中部对角型	骑跨	—	52	—	—

由表4-10可知,拼接螺栓的缺失数量和布置方式对波形梁护栏的防护性能有较大的影响。从车辆行驶状态和驶出角来看,车辆碰撞拼接螺栓缺失4颗的下部对称型护栏和拼接螺栓缺失6颗的上下对角型护栏时发生骑跨现象,而车辆碰撞其他形式护栏时均安全导出且驶出角较小,说明当螺栓缺失数量小于4颗时,现有波形梁护栏具有 A 级防护水平;相比于拼接螺栓无缺失护栏,车辆碰撞拼接螺栓发生缺失的护栏时,车辆的驶出角、车辆右前轮底部离地最大高度、护栏的最大横向动态变形量以及护栏板螺孔周围最大 von-mises 等效应

第4章 在用A级波形梁钢护栏应用关键参数对防护性能的影响

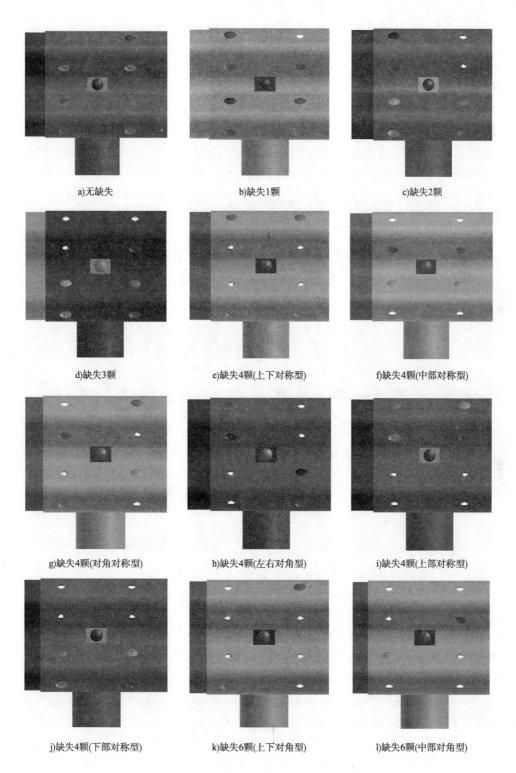

图 4-18 现有护栏典型的拼接螺栓缺失形态

力值均较大,说明拼接螺栓的缺失会导致护栏的防护能力有一定程度的降低;拼接螺栓的缺失数量对护栏的防护能力影响呈减小趋势,但拼接螺栓缺失大于 2 颗时,螺栓布置方式对护栏防护能力的影响程度更大,拼接处自上而下第一行和第二行螺栓缺失使护栏防护性能减弱较为明显。

综上分析可知,拼接螺栓缺失可能使现有波形梁护栏的防护能力有一定程度的降低。当拼接螺栓缺失数量小于 4 颗时,护栏仍具有 A 级防护水平,说明现有波形梁护栏 8 颗螺栓的拼接方式具有较高的可靠度;当拼接螺栓缺失数量大于或等于 4 颗时,剩余螺栓的布置方式对护栏防护能力的影响较大,护栏的防护能力可能不足。因此,当拼接螺栓缺失时应及时修补,以确保护栏维持较高的可靠度,不会因螺栓的进一步缺失而导致防护能力不足。

4.2.2 腐蚀程度对护栏防护性能的影响

在实际应用中,波形梁护栏钢材料面层采用热浸镀锌保护。一般情况下,在镀锌层保护下,护栏钢基体几乎不会发生腐蚀,但在海洋性大气环境、工业大气环境或酸雨环境中,腐蚀介质会加速腐蚀镀锌层,进而腐蚀基体,最终导致护栏构件的有效厚度变薄。护栏发生腐蚀时,可能是一个或几个点的局部腐蚀,也可能是一个构件的整体腐蚀,如图 4-19 所示。

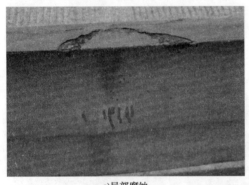
a)局部腐蚀

b)整体腐蚀

图 4-19 护栏腐蚀实例

在波形梁护栏各结构部件中,护栏板对护栏防护性能的影响最大。因此,分析腐蚀程度对护栏防护性能影响时,主要考虑护栏板发生腐蚀的情况。

对于护栏板的局部腐蚀,如腐蚀点发生在护栏板的中部时,较小面积的腐蚀对护栏的整体防护性能影响不大;如腐蚀点发生在护栏板的边缘时,腐蚀位置将会是明显的薄弱点,护栏板在车辆的碰撞作用下可能会从该处发生撕裂。为了进一步分析护栏板局部腐蚀对护栏防护性能的影响,对边缘有腐蚀和边缘无腐蚀的两块波形梁板进行了相同荷载作用下的碰撞模拟,结果如图 4-20 所示。由图可知,护栏板边缘发生腐蚀,当受到碰撞力作用时,护栏板从腐蚀处开始发生裂纹扩展,并最终形成裂缝。因此,应避免在护栏构件的边缘发生局部腐蚀,以保证护栏具有较高的防护能力。

对于护栏板的整体腐蚀,护栏板的厚度会减薄。以护栏板减薄量为变量,采用 10t 中型客车、60km/h 碰撞速度、20°碰撞角度条件,对减薄量为 0.0mm、0.2mm、0.4mm 和 0.6mm 的波形梁护栏进行计算机模拟碰撞试验。车辆的驶出或骑跨状态如图 4-21 所示。

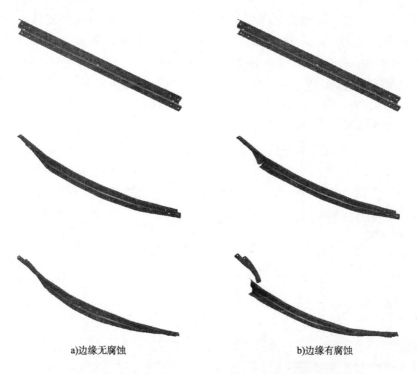

a) 边缘无腐蚀　　　　　　　　b) 边缘有腐蚀

图 4-20　边缘有无腐蚀护栏板的碰撞模拟过程

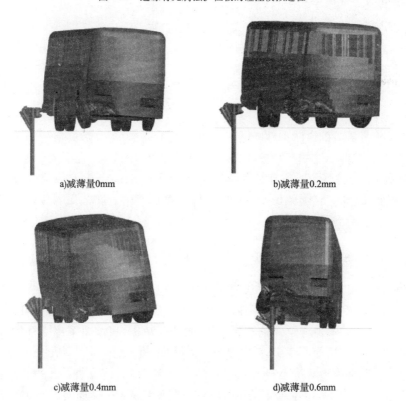

a) 减薄量0mm　　　　　　　　b) 减薄量0.2mm

c) 减薄量0.4mm　　　　　　　　d) 减薄量0.6mm

图 4-21　不同减薄量波形梁护栏碰撞中型客车行驶状态

由图 4-21 可知,对于护栏板减薄量为 0.0mm、0.2mm 和 0.4mm 的波形梁护栏,车辆碰撞护栏后,车辆均没有穿越、翻越和骑跨护栏,车辆正常导出,行驶姿态正常,护栏发挥了较好的阻挡功能和导向功能。对于护栏板减薄量为 0.6mm 的波形梁护栏,中型客车碰撞护栏后,车辆骑跨护栏,未正常导出,护栏的导向功能较弱。对比车辆右前轮中心的竖向位移曲线(图 4-22)可知,随着护栏板减薄量的增加,车轮跃起高度越大,即减薄量的增加会导致车辆翻越或骑跨护栏的风险越大。

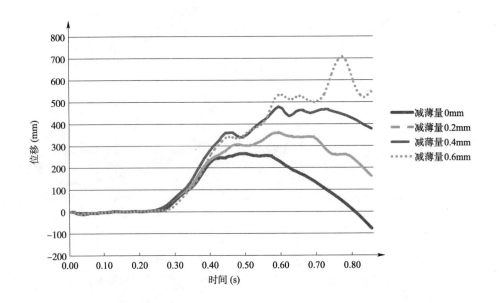

图 4-22 不同减薄量波形梁护栏中型客车碰撞时右前轮中心的竖向位移曲线

由护栏板减薄量对护栏防护性能的影响分析结果可知,当波形梁板受到腐蚀后,厚度减薄,护栏的整体防护性能变弱。当护栏板减薄量大于 0.4mm 时,波形梁护栏的防护能力不能达到 A 级水平。也就是说,现有波形梁护栏板的腐蚀裕量为 0.4mm,相对较小。如果钢基体腐蚀速率较快,现有波形梁护栏构件的有效厚度可能由于腐蚀而明显减小,最终导致护栏在使用期内防护能力不足。

4.2.3 基础条件对护栏防护性能的影响

以往的实车足尺碰撞试验表明,基础条件对于立柱的折弯点影响较大。一般情况下,混凝土基础立柱的折弯点几乎与地面平齐,压实土(压实度 90% 以上)基础立柱的折弯点在地面以下 10~15cm。对于种植土,由于没有现成的试验数据,目前未掌握立柱的折弯点位置。因此,研究选取了压实度 80% 和压实度 50% 的两种种植土,采用有限元分析方法来求解种植土基础条件下现有波形梁护栏碰撞立柱的折弯位置。通过建立种植土和护栏的有限元模型,以 10t 中型客车、20.5km/h 碰撞速度、90°碰撞角度的条件(碰撞能量为 160kJ)进行计算机模拟碰撞试验,结果如图 4-23 所示。

通过模拟结果可知,对于压实度为80%的种植土,护栏在受到车辆碰撞时,立柱的折弯点在地面以下30cm;对于压实度为50%的种植土,护栏在受到车辆碰撞时,立柱几乎不折弯而发生倾覆。对于压实度较低的种植土基础条件,护栏在车辆碰撞时,由于立柱的倾倒将导致护栏防护能量大大降低。因此,在进行基础条件对波形梁护栏的防护影响时不考虑压实度较低的种植土。

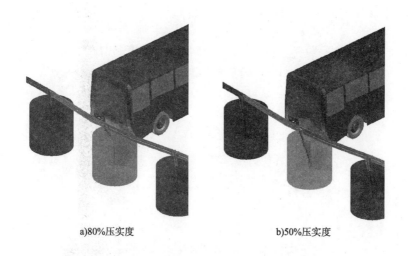

a)80%压实度　　　　　　b)50%压实度

图4-23　不同压实度种植土基础条件下波形梁护栏碰撞时立柱的折弯情况

在建立护栏有限元模型的基础上,进行了混凝土、压实土和压实度较高种植土三种基础形式波形梁护栏的中型客车计算机碰撞模拟试验,碰撞条件为10t质量、60km/h碰撞速度和20°碰撞角度。车辆碰撞过程如图4-24所示。需要说明的是,有限元分析过程中,护栏基础未采用细节模型,主要根据以往的实车碰撞试验数据和有限元分析结果,通过调节立柱折弯点的位置来模拟。

由图4-24可知,中型客车以10t质量、60km/h碰撞速度、20°碰撞角度条件碰撞三种基础形式护栏后,车辆均没有穿越、翻越和骑跨护栏,车辆正常导出,行驶姿态正常,护栏都发挥了较好的阻挡功能和导向功能。对于混凝土基础护栏,车辆右前轮爬升明显,护栏的最大横向动态变形量为665mm;对于压实土基础和种植土基础护栏,车辆右前轮有一定爬升,护栏的最大横向动态变形量分别为708mm和725mm。对比车辆右前轮中心的竖向位移曲线(图4-25)和护栏的最大动态变形量(图4-26)可知,相对于混凝土基础条件,车辆碰撞压实土或压实度较高的种植土基础护栏后,车轮跃起的高度相对较低,但护栏的最大动态变形量则较大。

综上分析结果可知,当压实度较低时,在用波形梁护栏在车辆碰撞下立柱可能发生倾覆,护栏的防护能量会大大降低;当压实度大于80%时,在用2m立柱间距波形梁护栏的防护能量在160kJ以上。相对于压实土和压实度较高的种植土基础护栏,混凝土基础护栏的最大动态变形量相对较小。因此,在路侧安全净区宽度较小的路段设置波形梁护栏时,推荐采用混凝土基础形式。

a)混凝土基础　　　b)压实土基础　　　c)种植土基础

图 4-24　不同基础条件波形梁护栏中型客车碰撞过程

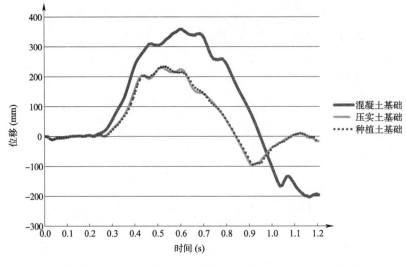

图 4-25　不同基础条件波形梁护栏中型客车碰撞时右前轮中心的竖向位移曲线

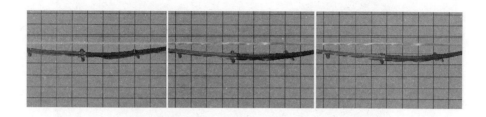

图 4-26　不同基础条件波形梁护栏中型客车碰撞时护栏最大动态变形情况

4.2.4　护栏高度对护栏防护性能的影响

在公路的实际运营中,由于路基沉降、公路路面加铺罩面或护栏施工时预留高度等问题,波形梁护栏的中心高度可能较大地偏离标准规定值。为了分析护栏中心高度对护栏防护性能的影响,以 2cm 为高度变化量,进行了护栏中心高度为 56cm、58cm、60cm、62cm 和 64cm 波形梁护栏的计算机模拟碰撞试验。现有 A 级波形梁护栏的中心高度标准规定值为 60cm,当中心高度小于 60cm 时,大型车辆冲出护栏的风险较大;当中心高度大于 60cm 时,小型客车发生下钻和拌阻的风险较大。因此,当护栏中心高度小于或等于 60cm 时,采用 10t 中型客车、60km/h 碰撞速度、20°碰撞角度的条件进行计算机模拟碰撞试验;当护栏中心高度大于或等于 60cm 时,采用 1.5t 小型客车、100km/h 碰撞速度、20°碰撞角度的条件进行计算机模拟碰撞试验。

计算结果如图 4-27 ~ 图 4-29 所示。

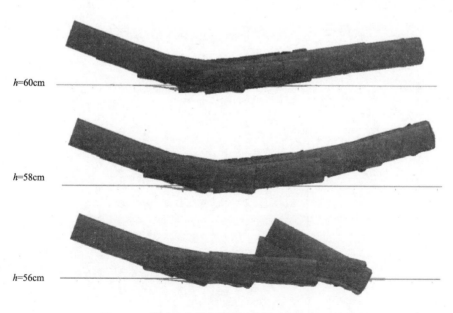

图 4-27　不同中心高度波形梁护栏碰撞中型客车运行轨迹

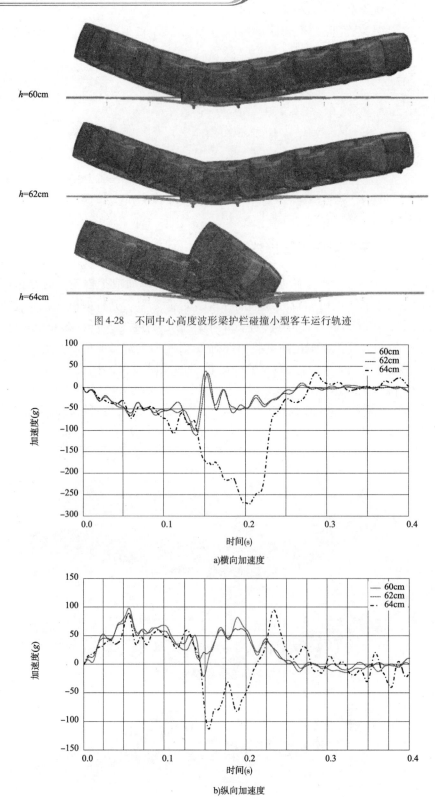

图 4-28 不同中心高度波形梁护栏碰撞小型客车运行轨迹

a) 横向加速度

b) 纵向加速度

图 4-29 不同中心高度波形梁护栏碰撞小型客车重心加速度时间历程曲线

中型客车碰撞护栏结果表明：对于中心高度为60cm的波形梁护栏，车辆没有穿越、翻越和骑跨护栏，车辆正常导出，驶出角为7.9°，护栏发挥了较好的阻挡功能和导向功能；对于中心高度为58cm的波形梁护栏，车辆碰撞护栏后，车辆前轮跃起高度较高，几乎快与护栏板上沿平齐，但最终没有翻越和骑跨护栏并正常导出，驶出角为11.2°；对于中心高度为56cm的波形梁护栏，车辆骑跨护栏，未正常导出。

小型客车碰撞护栏结果表明：对于中心高度为60cm和62cm的波形梁护栏，车辆均没有下钻护栏并正常导出，驶出角分别为8.4°和8.6°。车辆重心处加速度纵向分量的最大值分别为96m/s^{2}和111m/s^2，车辆重心处加速度横向分量的最大值分别为97m/s^{2}和89m/s^2，均小于200m/s^2，满足评价标准规定。对于中心高度为64cm的波形梁护栏，车辆碰撞护栏后发生拌阻，未正常导出。车辆重心处加速度纵向和横向分量的最大值分别为273m/s^{2}和112m/s^2，不满足评价标准规定。

综上分析结果可知，当护栏中心高度小于58cm，大中型车辆翻越和骑跨护栏的风险较大，护栏的阻挡功能和导向功能较弱；当护栏中心高度大于62cm时，小型车辆发生下钻和拌阻的可能性较大，护栏的导向功能和缓冲功能较弱。因此，现有波形梁护栏的中心高度在58~62cm范围内较为安全。

4.2.5 应用关键因素影响分析结论及建议

通过改变拼接螺栓缺失形态、腐蚀程度、基础条件以及护栏中心高度，对现有A级波形梁护栏进行了计算机模拟碰撞试验，分析了这些应用关键因素变化对护栏防护性能的影响。结论如下：

(1) 拼接螺栓缺失可能使现有波形梁护栏的防护能力有一定程度的降低。当拼接螺栓小于4颗时，护栏具有A级防护水平，而当拼接螺栓缺失数量大于或等于4颗时，剩余螺栓不同的布置方式可能使护栏的防护能力达不到A级水平。

(2) 护栏构件边缘发生局部腐蚀时，在受到碰撞力作用下，护栏构件可能从腐蚀处开始发生裂纹扩展并形成裂缝，最终使护栏的阻挡功能失效；护栏构件发生整体腐蚀时，其有效厚度由于腐蚀而减小，当波形梁护栏板的减薄量大于0.4mm时，护栏的防护能力将低于A级水平。

(3) 当压实度较低时，在用波形梁护栏在车辆碰撞下立柱可能发生倾覆，护栏的防护能量会大大降低；当压实度大于80%时，在用波形梁护栏的防护能量在160kJ以上。

(4) 护栏中心高度变化对护栏防护性能的影响较大，当护栏中心高度在58~62cm范围时，现有护栏具有A级防护水平。

因此，在进行波形梁护栏的日常养护时，如果发现螺栓发生缺失、护栏构件发生腐蚀、基础压实度不足和护栏中心高度不符合标准规定等问题，应及时进行修补或更换，以保证护栏具有良好的防护性能。

第5章 不利基础条件下波形梁护栏的设计实例

5.1 路侧土路肩和中央分隔带压实度测试

路基压实度指的是土或其他筑路材料压实后的干密度与标准最大干密度之比,以百分率表示。路基压实度是路基路面施工质量检测的关键指标之一,表征现场压实后的密度状况,压实度越高,密度越大,材料整体性能越好。

目前国内高速公路、一级公路中央分隔带种植土和回填土的存在影响了护栏立柱承载力的充分发挥,路侧有时也存在这种情况,尤其是路侧护栏立柱外展时,往往达不到规定的土路肩保护层厚度,影响了护栏功能的发挥。

《公路交通安全设施设计规范》(JTG D81—2006)第4.4.2条规定:路侧、中央分隔带内路基土压实度不能满足现行《公路路基设计规范》(JTG D30)中对路基路床压实度的要求时,或路侧护栏立柱外侧土路肩保护层厚度小于25cm时,应采取加强措施。

《公路交通安全设施设计细则》(JTG/T D81—2006)第4.5.12条规定:路侧、中央分隔带内路基土压实度不能满足现行《公路路基设计规范》(JTG D30)中对路基路床压实度的要求时,或路侧护栏立柱外侧土路肩保护层厚度小于25cm时,宜设置加强板或混凝土基础。

压实度检测方法通常采用环刀法、灌砂法(图5-1)和核子密度仪法等。在现有运营高速公路踏勘调研中发现,土路肩和中分带回填土的压实度有高有低,土路肩顶面以下30cm范围内压实度一般在85%~95%之间,而中分带回填土一般不做压实,其压实度极不稳定,远低于土路肩,压实度值介于50%~80%。

图 5-1

图 5-1　灌砂法土路肩压实度测试

目前,A 级波形梁护栏是国内使用最为广泛的公路护栏,属于梁柱式结构,护栏碰撞过程中的整体防护能力对立柱基础具有一定的依赖性,当立柱基础压实度不足时将会造成木桶效应,致使护栏整体防护性能失效,导致失控车辆翻越或骑跨护栏。

对于公路土路肩和中分带回填土压实度不足导致护栏防护能力低的问题,经过系列研究已有相应的改进提升措施来确保波形梁护栏达到 A 级防护等级。

5.2　路侧土路肩50cm宽的波形梁护栏的处理方法

现有的一二级公路和大部分 2006 年以前修建的高速公路右侧土路肩宽度为 50cm,护栏基础的压实度偏弱的同时立柱保护层厚度一般也低于现行规定的 25cm,护栏结构如图 5-2 所示。

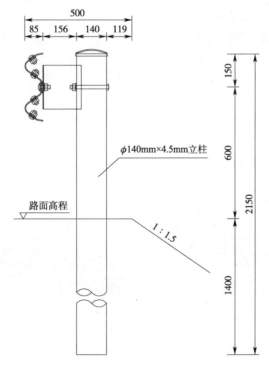

图 5-2　50cm 土路肩的波形梁护栏(尺寸单位:mm)

对于右侧窄路肩,应与路肩可能存在无法夯实,压实度不足的现象一并考虑。预设其路肩基础条件较差,对于护栏立柱整体抗倾覆能力弱,为此可考虑如下 2 种混凝土基础的方案:设置独立式混凝土基础方案和设置连续 20cm 高度混凝土面层方案。

对于独立式混凝土基础的方案,采用有限元仿真分析方法进行了模拟碰撞试验,碰撞条件为:中型货车 10t、碰撞速度 60km/h、碰撞角度 20°。

车辆碰撞护栏整个过程如图 5-3 所示。

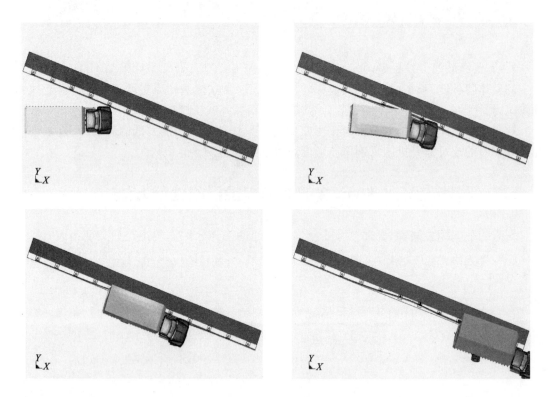

图 5-3　车辆行驶姿态

护栏碰撞完之后的变形如图 5-4 所示。

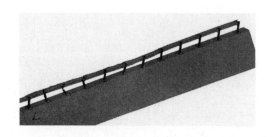

图 5-4　车辆碰撞后的护栏变形

混凝土基础的破坏形式如图 5-5 所示。

立柱折弯点位置如图 5-6 所示。

第5章 不利基础条件下波形梁护栏的设计实例

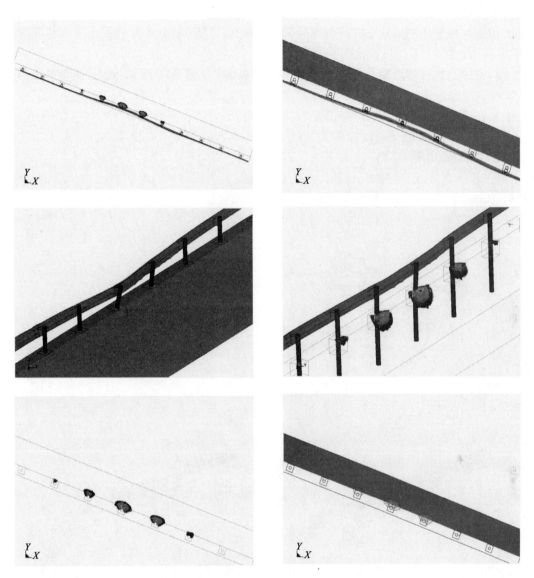

图 5-5 车辆碰撞后混凝土基础的破坏状态

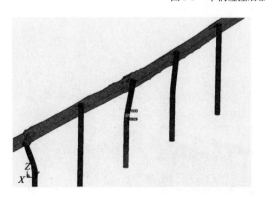

图 5-6 车辆碰撞后立柱折弯点位置

综合分析：

(1)车辆碰撞点附近的立柱对下部基础的影响范围为8m,且下部混凝土基础与土壤基础共同作用,混凝土基础先于土壤基础破坏。

(2)碰撞点附近的混凝土外部破损严重,立柱折弯点出现在350mm处,折弯点较为靠下,对车辆横向支撑力不足。

(3)车辆碰撞护栏之后,车辆在碰撞点附近的行驶轨迹较好,且护栏整体变形不大,但碰撞点附近立柱处的混凝土基础破坏较为严重,在车辆行驶轨迹后期出现护栏支撑力不足的现象,存在车辆侧翻的可能性。

对于连续20cm高度混凝土面层方案,采用有限元仿真分析方法进行了模拟碰撞试验,碰撞条件为：中型货车10t、碰撞速度60km/h、碰撞角度20°。

车辆碰撞护栏整个过程如图5-7所示。

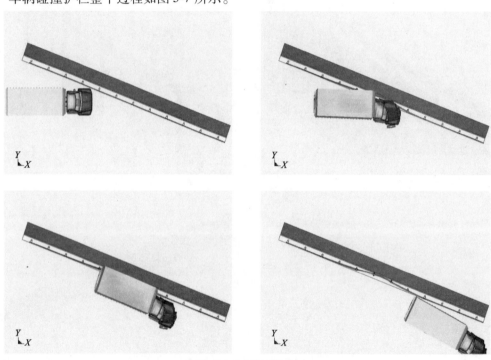

图5-7 车辆行驶姿态

护栏碰撞完之后的变形如图5-8所示。

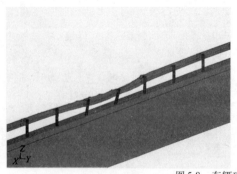 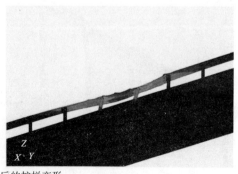

图5-8 车辆碰撞后的护栏变形

第5章　不利基础条件下波形梁护栏的设计实例

混凝土基础的破坏形式如图 5-9 所示。

图 5-9　车辆碰撞后混凝土基础的破坏状态

立柱折弯点位置如图 5-10 所示。

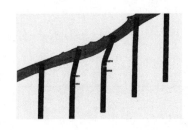

图 5-10　车辆碰撞后立柱折弯点位置

综合分析：

（1）车辆碰撞点附近的立柱对下部基础的影响范围为7m，且下部混凝土基础与土壤基础共同作用，整体混凝土基础出现明显裂缝，其裂缝最大宽度为8mm，长度为6m，且先于土壤基础破坏。

（2）碰撞点附近的整体混凝土出现整体裂缝，立柱折弯点出现在250mm处，折弯点较为合理，对车辆横向支撑力足够。

（3）车辆碰撞护栏之后，车辆在碰撞点附近的行驶轨迹较好，护栏整体变形不大，且碰撞点附近立柱处的20cm整体混凝土基础破坏较为合理，碰撞车辆能够顺利导出，满足碰撞标准要求。

通过以上仿真模拟结果可见，对于右侧窄路肩的情况，为提升护栏立柱基础强度，同时保证护栏整体安全防护性能，建议将立柱间距加密为2m，立柱埋入深度与普通段护栏立柱埋入深度相同，均为1.4m，同时在50cm土路肩中连续浇筑深20cm、顶面宽度50cm的混凝土连续基础，如图5-11所示。

图5-11　50cm土路肩压实度不足的波形梁护栏防护能力提升方案

为验证该护栏防护能力提升方案的有效性，委托相关试验机构进行了中型客车实车足尺碰撞试验，试验条件依据《公路护栏安全性能评价标准》（JTG B05-01—2013）中有关A级护栏中型客车碰撞试验相关要求进行，见表5-1。

A级中型客车实车足尺碰撞试验条件　　　　　　　　　　　　　表5-1

试验等级	试验条件				
	车辆类型	车辆质量(t)	车辆速度(km/h)	碰撞角度(°)	碰撞能量(kJ)
A级（三级）	中型客车	10	60	20	160

按照以上试验条件对50cm土路肩波形梁护栏防护能力提升技术方案进行中型客车碰撞试验,车辆运行轨迹如图5-12所示。

图5-12 中型客车碰撞运行轨迹(由右至左)

中型客车碰撞后,护栏损坏情况如图5-13所示。

图5-13 中型客车碰撞后护栏

试验后车辆的阻挡功能和导向功能均符合《公路护栏安全性能评价标准》(JTG B05-01—2013)中有关A级中型客车实车足尺碰撞试验,要求,最大动态变形量等指标见表5-2。

中型客车实车足尺碰撞试验结果 表5-2

检测项目	技术要求		检测结果	
			检测值	单项结论
1.阻挡功能	车辆不得穿越、翻越和骑跨试验护栏	中型客车	符合要求	合格
	试验护栏构件及其脱离件不得侵入车辆乘员舱	中型客车	符合要求	合格
2.导向功能	车辆碰撞后不得翻车	中型客车	符合要求	合格
	车辆碰撞后的轮迹应满足导向驶出框的要求	中型客车	符合要求	合格

续上表

检测项目	技术要求	检测结果	
		检测值	单项结论
3.护栏最大横向动态变形值 $D(m)$	中型客车	0.90	
4.护栏最大横向动态位移外延值 $W(m)$	中型客车	0.99	
5.车辆最大动态外倾值 $VI(m)$	中型客车	1.24	
6.车辆最大动态外倾当量值 $VI_n(m)$	中型客车	1.42	

5.3 路侧土路肩75cm宽，土压力不足的波形梁护栏的处理方法

2006年以后修建的高速公路右侧土路肩宽度为75cm，护栏基础的压实度同样偏弱，护栏结构如图5-14所示。

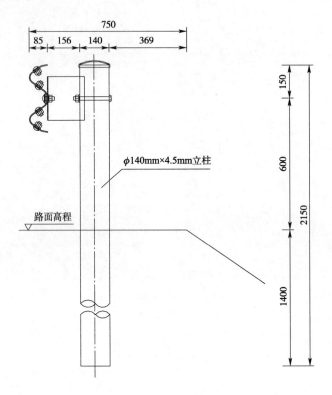

图5-14 75cm土路肩的波形梁护栏(尺寸单位:mm)

对于右侧路肩基础可以夯实，压实度能达到90%的处理方案，采用有限元仿真分析方法进行了模拟碰撞试验，碰撞条件为：中型货车10t、碰撞速度60km/h、碰撞角度20°。

车辆碰撞护栏整个过程如图5-15所示。
护栏碰撞完之后的变形如图5-16所示。
夯实基础的破坏形式如图5-17所示。
立柱折弯点位置如图5-18所示。

第5章 不利基础条件下波形梁护栏的设计实例

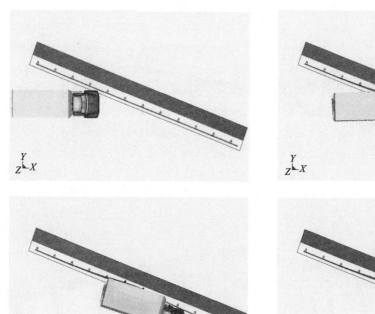
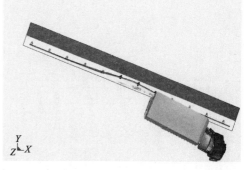

图 5-15 车辆行驶姿态

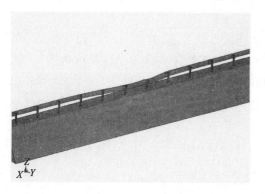
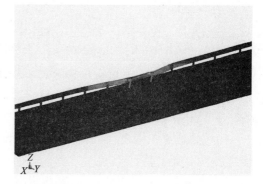

图 5-16 车辆碰撞后的护栏变形

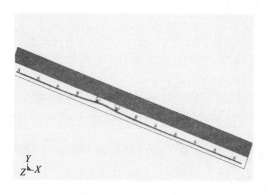
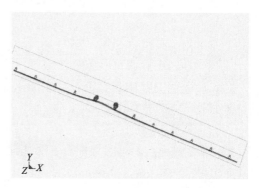

图 5-17

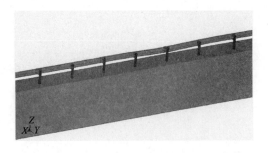 

图 5-17　车辆碰撞后混凝土基础的破坏状态

 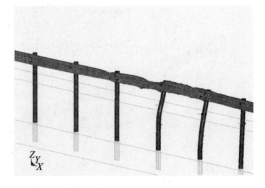

图 5-18　车辆碰撞后立柱折弯点位置

综合分析：

（1）当路侧宽度足够，但土压力不足时，将土路肩重新夯实，且压实度达到 90% 时，车辆碰撞点附近的立柱对下部基础的影响范围为 7m，整体土路肩基础在立柱处出现明显裂缝，其裂缝最大宽度为 6mm，呈现出梯形破坏截面。

（2）碰撞点附近的整体混凝土路肩出现裂缝，立柱折弯点出现在 240mm 处，折弯点较为合理，对车辆横向支撑力足够。

（3）车辆碰撞护栏之后，车辆在碰撞点附近的行驶轨迹较好，护栏整体变形不大，且碰撞车辆能够顺利导出，满足碰撞标准要求。

对于右侧路肩基础无法夯实，建议设置 20cm 连续的混凝土面层。采用有限元仿真分析方法对该方案进行了模拟碰撞试验，碰撞条件为：中型货车 10t、碰撞速度 60km/h、碰撞角度 20°。

车辆碰撞护栏整个过程如图 5-19 所示。

护栏碰撞完之后的变形如图 5-20 所示。

混凝土基础的破坏形式如图 5-21 所示。

立柱折弯点位置如图 5-22 所示。

综合分析：

（1）车辆碰撞点附近的立柱对下部基础的影响范围为 8m，且下部混凝土基础与土壤基础共同作用，整体混凝土基础出现明显裂缝，其裂缝最大宽度为 6mm，长度为 5m，且先于土壤基础破坏。

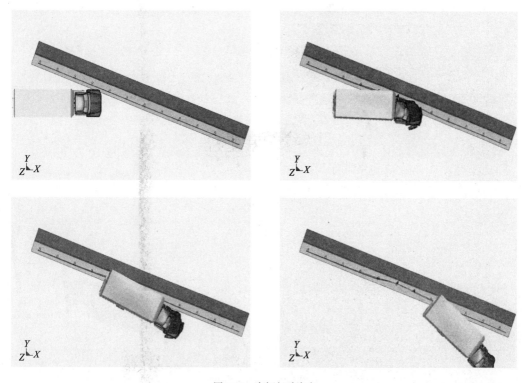

图 5-19 车辆行驶姿态

图 5-20 车辆碰撞后的护栏变形

(2) 碰撞点附近的整体混凝土出现整体裂缝,立柱折弯点出现在 235mm 处,折弯点较为合理,对车辆横向支撑力足够。

(3) 车辆碰撞护栏之后,车辆在碰撞点附近的行驶轨迹较好,护栏整体变形不大,且碰撞点附近立柱处的 20cm 整体混凝土基础破坏较为合理,碰撞车辆能够顺利导出,满足碰撞标准要求。

通过以上仿真模拟结果可见,对于右侧路肩基础无法夯实的情况,为提升护栏立柱基础强度,建议将立柱间距加密为 2m,立柱埋入深度与普通段护栏立柱埋入深度相同,均为 1.4m,同时在 75cm 土路肩中连续浇筑深 20cm、顶面宽度 75cm 的混凝土连续基础,如图 5-23 所示。

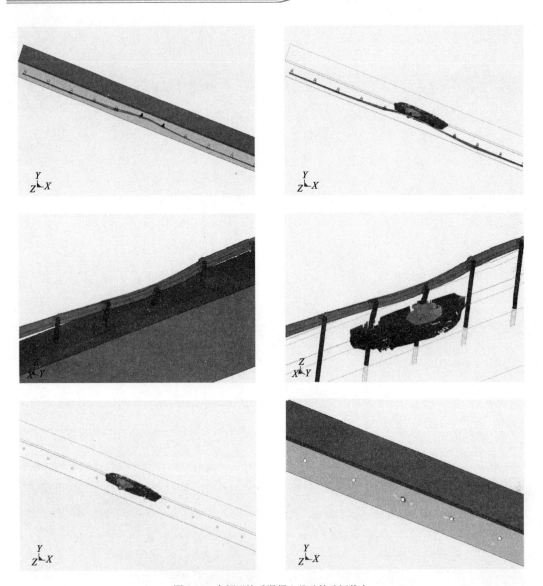

图 5-21 车辆碰撞后混凝土基础的破坏状态

为验证该护栏防护能力提升方案的有效性,委托相关试验机构进行了中型客车实车足尺碰撞试验,试验条件依据《公路护栏安全性能评价标准》(JTG B05-01—2013)中有关 A 级护栏中型客车碰撞试验相关要求进行,见表 5-3。

A 级中型客车实车足尺碰撞试验条件 表 5-3

试验等级	试验条件				
	车辆类型	车辆质量(t)	车辆速度(km/h)	碰撞角度(°)	碰撞能量(kJ)
A 级(三级)	中型客车	10	60	20	160

按照以上试验条件对 75cm 土路肩波形梁护栏防护能力提升技术方案进行中型客车碰撞试验,车辆运行轨迹如图 5-24 所示。

中型客车碰撞后,护栏损坏情况如图 5-25 所示。

第5章 不利基础条件下波形梁护栏的设计实例

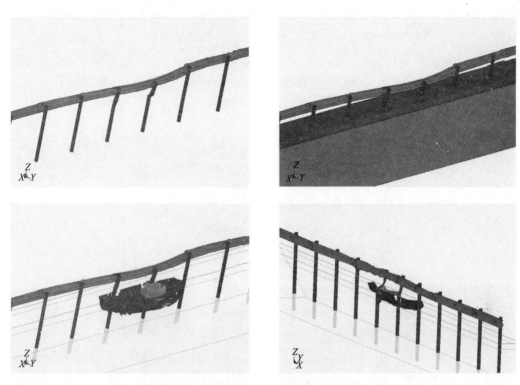

图 5-22 车辆碰撞后立柱折弯点位置

图 5-23 75cm 土路肩压实度不足的波形梁护栏防护能力提升方案

图 5-24 中型客车碰撞运行轨迹(由右至左)

图 5-25 中型客车碰撞后护栏

试验后车辆的阻挡功能和导向功能均符合《公路护栏安全性能评价标准》(JTG B05-01—2013)中有关 A 级中型客车实车足尺碰撞试验的要求,最大动态变形量等指标见表 5-4。

中型客车实车足尺碰撞试验结果　　　　　　　　　　　　　表 5-4

检测项目	技术要求		检测结果	
			检测值	单项结论
1. 阻挡功能	车辆不得穿越、翻越和骑跨试验护栏	中型客车	符合要求	合格
	试验护栏构件及其脱离件不得侵入车辆乘员舱	中型客车	符合要求	合格
2. 导向功能	车辆碰撞后不得翻车	中型客车	符合要求	合格
	车辆碰撞后的轮迹应满足导向驶出框的要求	中型客车	符合要求	合格
3. 护栏最大横向动态变形值 D(m)		中型客车	0.68	
4. 护栏最大横向动态位移外延值 W(m)		中型客车	0.78	
5. 车辆最大动态外倾值 VI(m)		中型客车	1.34	
6. 车辆最大动态外倾当量值 VI_n(m)		中型客车	1.72	

5.4 中央分隔带种植土土压力不足的波形梁护栏的处理方法

高速公路和一级公路的中央分隔带通常使用回填土,其护栏结构如图 5-26 所示。

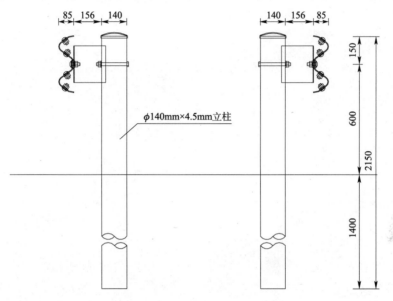

图 5-26 中分带波形梁护栏(尺寸单位:mm)

由于回填土压实度较低,护栏立柱整体抗倾覆能力弱,为此可采用两种基础处理方式:使用独立式混凝土基础的方案和增加立柱支撑方案。

对于使用独立式混凝土基础的方案,采用有限元仿真分析方法进行了模拟碰撞试验,碰撞条件为:中型货车 10t、碰撞速度 60km/h、碰撞角度 20°。

车辆碰撞护栏整个过程如图 5-27 所示。

护栏碰撞完之后的变形如图 5-28 所示。

混凝土基础的破坏形式如图 5-29 所示。

立柱折弯点位置如图 5-30 所示。

综合分析:

(1)车辆碰撞点附近的立柱对下部基础的影响范围为 9m,且下部混凝土基础与土壤基础共同作用,整体混凝土基础出现明显裂缝,其裂缝最大宽度为 5mm,长度为 7m,且先于土壤基础破坏。

(2)碰撞点附近的整体混凝土出现整体裂缝,立柱折弯点出现在 215mm 处,折弯点较为合理,对车辆横向支撑力足够。

(3)车辆碰撞护栏之后,车辆在碰撞点附近的行驶轨迹较好,护栏整体变形不大,且碰撞点附近立柱处的混凝土基础破坏较为合理,碰撞车辆能够顺利导出,满足碰撞标准要求。

对于增加立柱支撑方案,采用有限元仿真分析方法进行了模拟碰撞试验,碰撞条件为:中型货车 10t、碰撞速度 60km/h、碰撞角度 20°。

车辆碰撞护栏整个过程如图 5-31 所示。

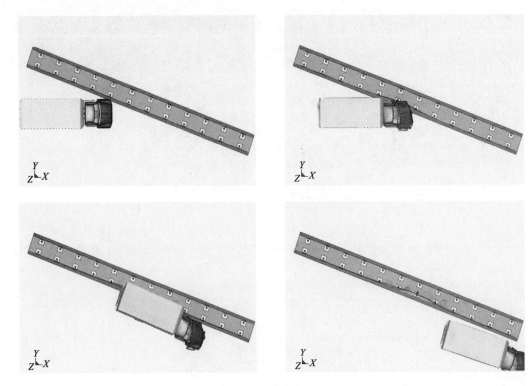

图 5-27 车辆行驶姿态

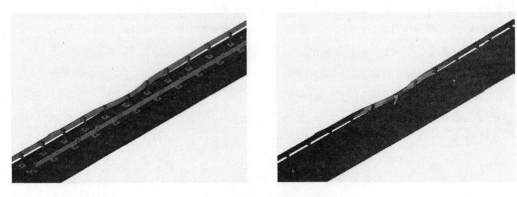

图 5-28 车辆碰撞后的护栏变形

护栏碰撞完之后的变形如图 5-32 所示。

基础的破坏形式如图 5-33 所示。

立柱折弯点位置如图 5-34 所示。

综合分析：

（1）车辆碰撞点附近的立柱对下部基础的影响范围为 8m，且下部立柱支撑混凝土块部分被压碎，碰撞点附近对向护栏立柱基本无影响。

（2）碰撞点附近的支撑混凝土压碎，与上部种植土共同依靠自身重力对护栏立柱起到支撑作用，立柱并未出现明显折弯点，护栏立柱呈现整体弯曲状。

第5章 不利基础条件下波形梁护栏的设计实例

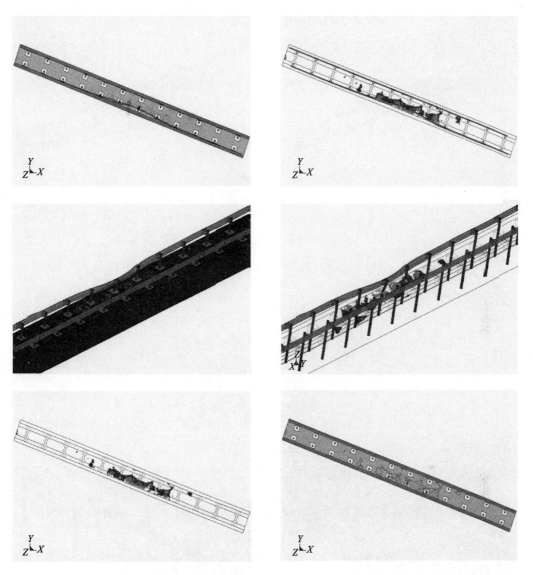

图 5-29 车辆碰撞后混凝土基础的破坏状态

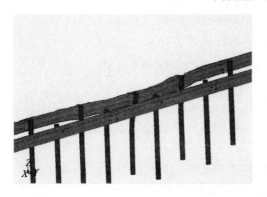

图 5-30 车辆碰撞后立柱折弯点位置

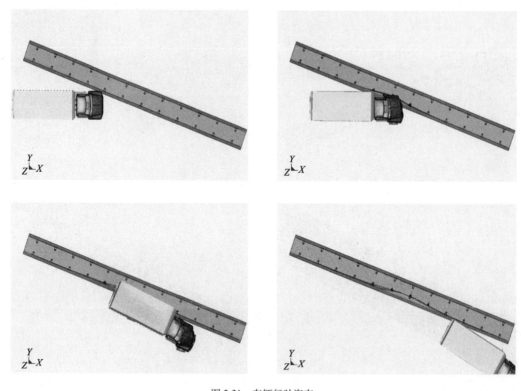

图 5-31 车辆行驶姿态

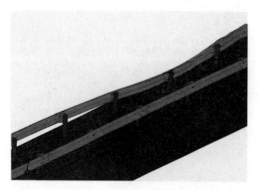

图 5-32 车辆碰撞后的护栏变形

(3)车辆碰撞护栏之后,车辆在碰撞点附近的行驶轨迹较好,护栏整体变形不大,且碰撞点附近立柱处的支撑混凝土块破坏较为合理,碰撞车辆能够顺利导出,满足碰撞标准要求。

为提升护栏立柱基础强度,建议将立柱间距加密为 2m,立柱埋入深度与普通段护栏立柱埋入深度相同,均为 1.4m,同时在中央分隔带内两侧波形梁护栏立柱之间设置预埋混凝土块,如图 5-35 所示。

未验证该护栏防护能力提升方案的有效性,委托相关试验机构进行了中型客车实车足尺碰撞试验,试验条件依据《公路护栏安全性能评价标准》(JTG B05-01—2013)中有关 A 级护栏中型客车碰撞试验相关要求进行,见表 5-5。

第5章 不利基础条件下波形梁护栏的设计实例

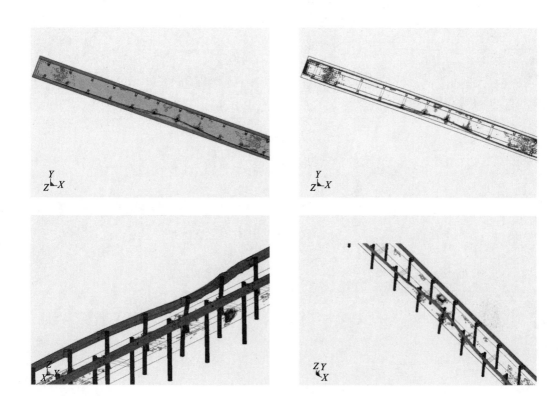

图 5-33 车辆碰撞后混凝土基础的破坏状态

图 5-34 车辆碰撞后立柱折弯点位置

A 级中型客车实车足尺碰撞试验条件　　表 5-5

试验等级	试验条件				
	车辆类型	车辆质量(t)	车辆速度(km/h)	碰撞角度(°)	碰撞能量(kJ)
A 级(三级)	中型客车	10	60	20	160

按照以上试验条件对中分带波形梁护栏防护能力提升技术方案进行中型客车碰撞试验，车辆运行轨迹如图 5-36 所示。

图 5-35　中分带回填土压实度不足的波形梁护栏防护能力提升方案

图 5-36　中型客车碰撞运行轨迹（由右至左）

中型客车碰撞后，护栏损坏情况如图 5-37 所示。

图　5-37

图 5-37　中型客车碰撞后护栏

试验后车辆的阻挡功能和导向功能均符合《公路护栏安全性能评价标准》(JTG B05-01—2013)中有关 A 级中型客车实车足尺碰撞试验的要求,最大动态变形量等指标见表 5-6。

中型客车实车足尺碰撞试验结果　　　　　　　　　　　表 5-6

检测项目	技术要求		检测结果	
			检测值	单项结论
1.阻挡功能	车辆不得穿越、翻越和骑跨试验护栏	中型客车	符合要求	合格
	试验护栏构件及其脱离件不得侵入车辆乘员舱	中型客车	符合要求	合格
2.导向功能	车辆碰撞后不得翻车	中型客车	符合要求	合格
	车辆碰撞后的轮迹应满足导向驶出框的要求	中型客车	符合要求	合格
3.护栏最大横向动态变形值 $D(m)$		中型客车	1.00	
4.护栏最大横向动态位移外延值 $W(m)$		中型客车	1.22	
5.车辆最大动态外倾值 $VI(m)$		中型客车	1.75	
6.车辆最大动态外倾当量值 $VI_n(m)$		中型客车	2.13	

第6章 在用波形梁钢护栏提升方案实例

6.1 074 A 级 4m 间距波形梁钢护栏提升至 D81 A 级

2006 年以前修建的高速公路和一级公路均是按照《高速公路交通安全设施设计及施工技术规范》(JTJ 074—1994)和《高速公路波形梁钢护栏》(JT/T 281—1995)设置的,基本结构形式如图 6-1 所示。

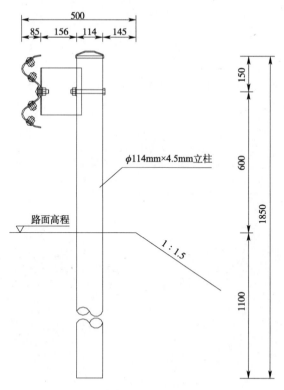

图 6-1 JTJ 074—1994 规范 ϕ114mm 立柱波形梁护栏(尺寸单位:mm)

该护栏的防护能量约为 70kJ,如现有运营高速公路改扩建,其护栏须满足《公路交通安全设施设计规范》(JTG D81—2006)的要求,即高速公路最低护栏防撞等级为 A 级,碰撞能量要求不低于 160kJ。

《高速公路交通安全设施设计及施工技术规范》(JTJ 074—1994)中 ϕ114mm 立柱波形梁护栏由护栏板、立柱、防阻块和螺栓组成,其主要构件参数见表6-1。

JTJ 074 波形梁护栏主要构件参数　　　　　　　　　表6-1

构 件 名 称	A 级护栏(mm)
护栏板	4320×310×85×3
立柱	ϕ114mm×1850×4.5
连接件	防阻块 178×200×3 或托架 300×70×4.5

为满足现行规范的要求,拆除原有护栏设置新的护栏不仅容易造成浪费,对原有护栏立柱基础造成破坏,施工新的护栏还需要提前对基础进行重新修复,工程时间较长,增加施工期的交通组织费用。因此考虑再利用原有护栏,在原有护栏基础之上增加或调整构件,以达到使其满足现行标准规范 A 级防护等级的要求。

为提升护栏防撞能力,可将原有护栏改造成双层双波护栏:原有 A 级波形梁护栏板不变,每两根间距为 4m 的立柱之间增加一根新的立柱,使立柱间距加密至 2m。在原有波形梁护栏板的上方平行增加一道波形梁护栏板,形成双层双波梁护栏。新增立柱与原有护栏板、新增护栏板通过防阻块连接。旧立柱与新增护栏板之间不连接。通过采用有限元仿真分析方法对该改造结构进行了安全性能评价,碰撞条件如下:

(1)小客车 1.5t,100km/h,碰撞角度 20°。
(2)中型客车 10t,60km/h,碰撞角度 20°。
(3)中型货车 10t,60km/h,碰撞角度 20°。

6.1.1　小客车碰撞

小客车碰撞护栏后,车辆没有穿越、翻越、骑跨、下穿护栏,车辆正常导出,行驶姿态正常,没有发生横转、掉头现象,如图 6-2 所示。

a)初始状态

b)车辆头部碰撞

图 6-2

c)车辆开始导向　　　　　　　　　　　　d)车辆驶出

图 6-2　小客车运行过程

6.1.2　中型客车碰撞

中型客车碰撞护栏后,车辆行驶姿态正常,平稳驶出,驶出角度约为 8.6°,护栏无明显破坏,如图 6-3、图 6-4 所示。碰撞过程中,护栏最大横向动态变形量为 91cm。

a)初始状态　　　　　　　　　　　　　　b)车辆头部碰撞

c)车辆尾部碰撞护栏　　　　　　　　　　d)车辆驶出

图 6-3　中型客车行驶姿态

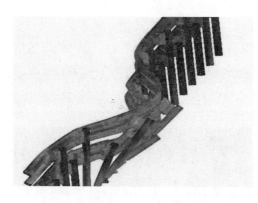
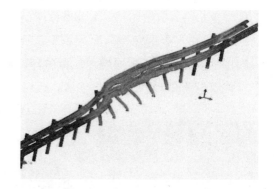

图 6-4 中型客车碰撞后护栏变形

6.1.3 中型货车碰撞

中型货车碰撞护栏后,车辆行驶姿态正常,平稳驶出,如图 6-5 所示。护栏最大动态变形量为 80.5cm。

a)初始状态　　　　　　　　　　　　b)车辆头部碰撞

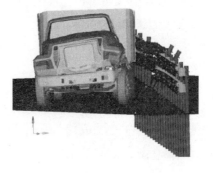

c)车辆尾部碰撞护栏　　　　　　　　d)车辆驶出

图 6-5 中型货车行驶姿态

通过以上计算机仿真模拟试验结果可见，A 级双层双波护栏能够对小型客车、中型客车、中型货车进行有效防护。其实际安全防护性能还需要进行实车碰撞试验验证。

改扩建和大修养护工程中，建设单位和设计单位可以通过 A 级双层双波护栏的结构来将原有护栏提升至符合《公路护栏安全性能评价标准》（JTG B05-01—2013）的 A 级防护等级，其结构形式如图 6-6 所示。

图 6-6　A 级双层双波护栏

改造方案的主要技术要点如下：

（1）保留护栏原有按照《高速公路交通安全设施设计及施工技术规范》（JTJ 074—1994）设置的护栏立柱、护栏板和防阻块。

（2）新增 1 根 ϕ114mm×4.5mm×2250mm 长立柱，使护栏的立柱间距由 4m 加密为 2m，立柱打入深度为 1.1m。

（3）新增 2 个 196mm×178mm×200mm×3mm 防阻块，分别安装于新增长立柱的上部和下部，间距 40cm。其中下防阻块与原有护栏板连接。

（4）新增 1 块 4320mm×85mm×310mm×3mm 护栏板，安装在新立柱的上防阻块上，与下层护栏板的横梁中心间距为 40cm。

为验证该护栏防护能力提升方案的有效性，委托相关试验机构进行了实车足尺碰撞试验，试验条件依据《公路护栏安全性能评价标准》（JTG B05-01—2013）中有关 A 级护栏碰撞试验相关要求进行，见表 6-2。

第6章　在用波形梁钢护栏提升方案实例

A 级实车足尺碰撞试验条件　　　　　　　　　　　　　　　表 6-2

试验等级	试验条件				
	车辆类型	车辆质量(t)	车辆速度(km/h)	碰撞角度(°)	碰撞能量(kJ)
A 级(三级)	小型客车	1.5	100	20	160
	中型客车	10	60		
	中型货车	10	60		

按照以上试验条件对 A 级双层双波护栏防护能力提升技术方案进行实车足尺碰撞试验，车辆运行轨迹如图 6-7 所示。

a)小型客车运行轨迹(由左至右)

b)中型客车运行轨迹(由左至右)

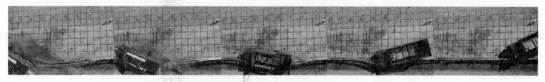

c)中型货车运行轨迹(由右至左)

图 6-7　车辆碰撞运行轨迹

碰撞试验后护栏损坏情况如图 6-8 所示。

a)小型客车碰撞后护栏损坏情况

图　6-8

b) 中型客车碰撞后护栏损坏情况

c) 中型货车碰撞后护栏损坏情况

图 6-8 碰撞后护栏

试验后车辆的阻挡功能和导向功能均符合《公路护栏安全性能评价标准》(JTG B05-01—2013)中有关 A 级实车足尺碰撞试验的要求,最大动态变形量等指标见表 6-3。

实车足尺碰撞试验结果　　　　　　　　　　　　　　　　　表 6-3

检测项目	技术要求		检测结果	
			检测值	单项结论
1. 阻挡功能	车辆不得穿越、翻越和骑跨试验护栏	小型客车	符合要求	合格
		中型客车	符合要求	合格
		中型货车	符合要求	合格
	试验护栏构件及其脱离件不得侵入车辆乘员舱	小型客车	符合要求	合格
		中型客车	符合要求	合格
		中型货车	符合要求	合格
2. 导向功能	车辆碰撞后不得翻车	小型客车	符合要求	合格
		中型客车	符合要求	合格
		中型货车	符合要求	合格
	车辆碰撞后的轮迹应满足导向驶出框的要求	小型客车	符合要求	合格
		中型客车	符合要求	合格
		中型货车	符合要求	合格

续上表

检测项目	技术要求		检测结果	
			检测值	单项结论
3.缓冲功能	乘员碰撞速度 $v_x \leq 12$(m/s)	小型客车	6.0	合格
	乘员碰撞速度 $v_y \leq 12$(m/s)		4.3	合格
	乘员碰撞后加速度 $a_x \leq 200$(m/s²)		80.36	合格
	乘员碰撞后加速度 $a_y \leq 200$(m/s²)		53.90	合格
4.护栏最大横向动态变形值 D(m)		小型客车	0.65	
		中型客车	0.98	
		中型货车	1.32	
5.护栏最大横向动态位移外延值 W(m)		小型客车	0.83	
		中型客车	1.15	
		中型货车	1.49	
6.车辆最大动态外倾值 VI(m)		中型客车	1.36	
		中型货车	3.30	
7.车辆最大动态外倾当量值 VI_n(m)		中型客车	1.96	
		中型货车	4.35	

A级双层双波护栏提升技术方案的使用注意事项如下：

(1)原有护栏横梁中心高度。

A级双层双波护栏的下层护栏板高度对其整体安全防护性能有较大影响,当下层护栏板横梁中心高度低于55cm时,中型客车与其碰撞可能导致骑跨,应对其进行相应调整,使其满足60cm±2cm的要求。

当护栏板的高度不足时,可采用增高套管或不对称孔防阻块的形式来将下层护栏板的高度提升至符合要求。而经改造后的上层板横梁中心高度,应保持在100cm±2cm范围内。

(2)A级双层双波护栏的适用性。

A级双层双波护栏实车足尺碰撞试验中,使用的原有护栏立柱和新增长立柱的直径均为114mm,护栏板与立柱之间使用六角形防阻块进行连接。

现有运营公路上的立柱直径为φ114mm或φ140mm,与护栏板之间使用六角形防阻块或欧米伽形托架,当现场护栏结构与实车试验的A级双层双波护栏结构不一致时,可根据实际情况利用仿真模拟或实车验证等手段进行安全性能评价。

(3)A级双层双波护栏在改扩建工程中的应用。

A级双层双波护栏适用于按照《高速公路交通安全设施设计及施工技术规范》(JTJ 074—1994)设置的波形梁护栏,可用于中分带或路侧,尤其适用于公路改扩建工程。例如某双向四车道高速公路计划改扩建后提升至双向八车道,双向拓宽的情况下路侧护栏必定面临拆除,此种情况下可将路侧护栏板拆除,经检验测试其理化性能指标具有可再利用性后将其安装于中分带,组合后成为A级双层双波护栏,对原有护栏的再利用率较高,可带来较大的经济效益。

6.2 074 A 级 2m 间距波形梁钢护栏提升至 D81 A 级

《高速公路交通安全设施设计及施工技术规范》(JTJ 074—1994)规范中的波形梁护栏除 ϕ114mm 的立柱外,还使用 ϕ140mm 立柱的护栏,此种波形梁护栏在 2006 年以前设计的公路上使用的同样十分广泛,如图 6-9 所示。

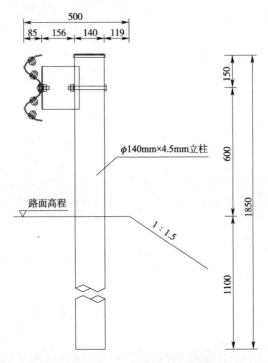

图 6-9 JTJ 074—1994 规范 ϕ140mm 立柱波形梁护栏(尺寸单位:mm)

该护栏的防护能量约为 93kJ,如现有运营高速公路改扩建,其护栏须满足《公路交通安全设施设计规范》(JTG D81—2006)的要求,即高速公路最低护栏防撞等级为 A 级,碰撞能量要求不低于 160kJ。

《高速公路交通安全设施设计及施工技术规范》(JTJ 074—1994)中 ϕ140mm 立柱波形梁护栏由护栏板、立柱、防阻块和螺栓组成,其主要构件参数见表 6-4。

JTJ 074—1994 波形梁护栏主要构件参数   表 6-4

构 件 名 称	A 级护栏(mm)
护栏板	4320 × 310 × 85 × 3
立柱	ϕ140mm × 1850 × 4.5
连接件	防阻块 178 × 200 × 3 或托架 300 × 70 × 4.5

为满足现行规范的要求,拆除原有护栏设置新的护栏不仅容易造成浪费,对原有护栏立柱基础造成破坏,施工新的护栏还需要提前对基础进行重新修复,工程时间较长,增加施工期的交通组织费用。因此考虑再利用原有护栏,在原有护栏基础之上增加或调整构件,以达

到使其满足现行标准规范 A 级防护等级的要求。

为提升护栏防撞能力,可将其改造成三波护栏:①原有 S 级波形梁护栏 ϕ140mm × 4.5mm立柱不变。②原有双波形梁护栏板拆除,更换成三波形梁护栏板。③原防阻块拆除,替换为加长防阻块。通过采用有限元仿真分析方法对该改造结构进行了安全性能评价,碰撞条件如下:

(1)小客车 1.5t,100km/h,碰撞角度 20°。

(2)中型客车 10t,60km/h,碰撞角度 20°。

6.2.1 小客车碰撞

小客车碰撞护栏后,车辆没有穿越、翻越、骑跨、下穿护栏,车辆正常导出,行驶姿态正常,没有发生横转、掉头现象,如图6-10 所示。

a)初始状态　　　　　　　　　　b)前部碰撞护栏

c)尾部碰撞护栏　　　　　　　　d)安全驶离护栏

图 6-10　小客车行驶姿态

6.2.2 中型客车碰撞

中型客车碰撞护栏后,车辆行驶姿态正常,平稳驶出,如图 6-11 ~ 图 6-13 所示。驶出角度约为 7.4°,护栏最大动态变形量为 89.2cm。

通过以上计算机仿真模拟试验结果可见,A 级三波护栏能够对小型客车、中型客车进行有效防护。其实际安全防护性能还需要进行实车碰撞试验验证。

改扩建和大修养护工程中,建设单位和设计单位可以通过保留原有护栏立柱安装 3mm 三波护栏板的方案将原有护栏提升至符合《公路护栏安全性能评价标准》(JTG B05-01—2013)的 A 级防护等级,其结构形式如图 6-14 所示。

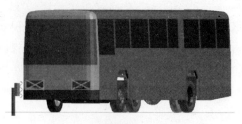
a) 初始状态

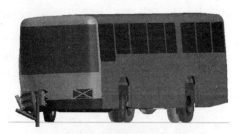
b) 车辆头部碰撞

c) 车辆尾部碰撞护栏

d) 车辆驶出

图 6-11　中型客车行驶姿态

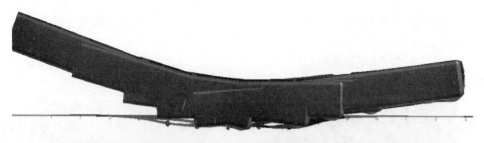

图 6-12　中型客车驶出轨迹

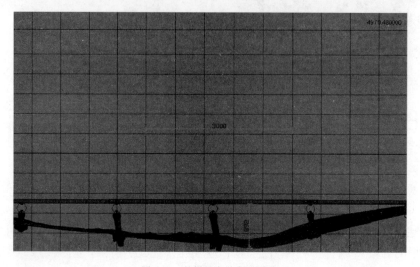

图 6-13　护栏最大动态变形量

第6章　在用波形梁钢护栏提升方案实例

图 6-14　A 级 3mm 三波护栏

A 级 3mm 三波护栏改造方案的主要技术要点如下：
①拆除原有护栏的护栏板和防阻块，保留原有护栏立柱。
②新增 1 个 196mm×178mm×400mm×3mm 的长防阻块。
③新增 1 个 4320mm×506mm×85mm×3mm 的三波护栏板。
④安装完成后护栏板横梁中心高度为 70cm，立柱间距为 4m。

为验证该护栏防护能力提升方案的有效性，委托相关试验机构进行了实车足尺碰撞试验，试验条件依据《公路护栏安全性能评价标准》（JTG B05-01—2013）中有关 A 级护栏碰撞试验相关要求进行，见表 6-2。

按照以上试验条件对 A 级 3mm 三波护栏防护能力提升技术方案进行实车足尺碰撞试验，车辆运行轨迹如图 6-15 所示。

a)小型客车运行轨迹(由左至右)

b)中型客车运行轨迹(由左至右)

图　6-15

c)中型货车运行轨迹(由右至左)

图6-15 车辆碰撞运行轨迹

碰撞试验后护栏损坏情况如图6-16所示。

a)小型客车碰撞后护栏损坏情况

b)中型客车碰撞后护栏损坏情况

c)中型货车碰撞后护栏损坏情况

图6-16 碰撞后护栏

试验后车辆的阻挡功能和导向功能均符合《公路护栏安全性能评价标准》(JTG B05-01—2013)中有关A级实车足尺碰撞试验的要求,最大动态变形量等指标见表6-5。

实车足尺碰撞试验结果 表6-5

检测项目	技术要求		检测结果	
			检测值	单项结论
1.阻挡功能	车辆不得穿越、翻越和骑跨试验护栏	小型客车	符合要求	合格
		中型客车	符合要求	合格
		中型货车	符合要求	合格
	试验护栏构件及其脱离件不得侵入车辆乘员舱	小型客车	符合要求	合格
		中型客车	符合要求	合格
		中型货车	符合要求	合格
2.导向功能	车辆碰撞后不得翻车	小型客车	符合要求	合格
		中型客车	符合要求	合格
		中型货车	符合要求	合格
	车辆碰撞后的轮迹应满足导向驶出框的要求	小型客车	符合要求	合格
		中型客车	符合要求	合格
		中型货车	符合要求	合格
3.缓冲功能	乘员碰撞速度 $v_x \leqslant 12(m/s)$	小型客车	5.2	合格
	乘员碰撞速度 $v_y \leqslant 12(m/s)$		4.2	合格
	乘员碰撞后加速度 $a_x \leqslant 200(m/s^2)$		117.6	合格
	乘员碰撞后加速度 $a_y \leqslant 200(m/s^2)$		86.2	合格
4.护栏最大横向动态变形值 $D(m)$		小型客车	1.00	
		中型客车	1.05	
		中型货车	1.26	
5.护栏最大横向动态位移外延值 $W(m)$		小型客车	1.10	
		中型客车	1.15	
		中型货车	1.35	
6.车辆最大动态外倾值 $VI(m)$		中型客车	1.40	
		中型货车	1.75	
7.车辆最大动态外倾当量值 $VI_n(m)$		中型客车	1.55	
		中型货车	2.73	

A级3mm三波护栏提升技术方案的使用注意事项如下。

(1)原有护栏横梁中心高度。

A级3mm三波护栏的横梁中心高度应为70cm±2cm,为保证此高度,当改造前的原有护栏横梁中心高度即立柱连接螺孔的高度低于58cm时,应使用增高套管或不对称孔防阻块将三波护栏板高度提升至符合要求。

(2)A级3mm三波护栏的适用性。

A级3mm三波护栏实车足尺碰撞试验中,使用的原有护栏立柱的直径为140mm,护栏板与立柱之间使用加长的六角形防阻块进行连接。

现有运营公路上的立柱直径为114mm或140mm,与护栏板之间使用六角形防阻块或欧米伽形托架,当现场护栏结构与实车试验的3mm三波护栏结构不一致时,可根据实际情况利用仿真模拟或实车验证等手段利用安全性能评价。

(3)A级3mm三波护栏在改扩建工程中的应用。

A级3mm三波护栏适用于按照《高速公路交通安全设施设计及施工技术规范》(JTJ 074—1994)设置的波形梁护栏,可用于中分带或路侧。与A级双层双波护栏相比,A级3mm三波护栏有利于驾乘人员观察路侧标志、建筑物、景观等,在发生交通事故等紧急情况时也有利于相关人员向路外撤离。因此,该改造设计方案更适用于对路侧波形梁护栏防护能力的提升。

6.3 D81 A级4m间距波形梁钢护栏提升至D81 SB级

2006年之后设计的高速公路和一级公路均是按照《公路护栏安全设施设计规范》(JTG D81—2006)设置的,A级护栏的基本结构形式如图6-17所示。

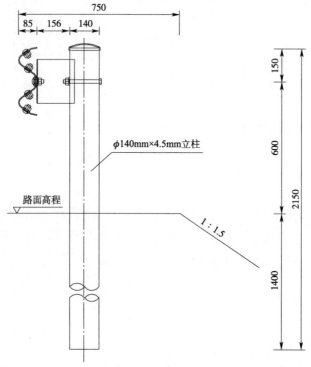

图6-17 JTG D81—2006规范A级波形梁护栏(尺寸单位:mm)

《公路护栏安全设施设计规范》(JTG D81—2006)中ϕ140mm立柱波形梁护栏由护栏板、立柱、防阻块和螺栓组成,其主要构件参数见表6-6。

JTG D81—2006波形梁护栏主要构件参数　　　　表6-6

构件名称	A级护栏(mm)
护栏板	4320×310×85×4
立柱	ϕ140mm×2150×4.5
连接件	防阻块178×200×4.5

第6章 在用波形梁钢护栏提升方案实例

高速公路验收通车以后,部分路段的交通组成和流量会发生较大的变化,之前设计的A级双波护栏可能会不满足现行公路运营条件的防护需求,需要对其防护性能进行提升。拆除原有护栏设置新的高等级护栏不仅容易造成浪费,对原有护栏立柱基础造成破坏,施工新的护栏需要还提前对基础进行重新修复,工程时间较长,增加施工期的交通组织费用。因此可以考虑再利用原有护栏,在原有护栏基础之上增加或调整构件,以达到使其防护等级提升的目的。

为提升护栏防撞能力,可将其改造成双层双波护栏:①原有A级波形梁护栏板及防阻块不变,通过内套管将原有立柱加高。②每两根间距为4m的立柱之间增加一根新的立柱,使立柱间距加密至2m。③防阻块规格不变。④在原有波形梁护栏板的上方平行增加一道波形梁板,形成双排双波梁护栏。通过采用有限元仿真分析方法对该改造结构进行了安全性能评价,碰撞条件如下:

(1)小客车1.5t,100km/h,碰撞角度20°。
(2)中型客车10t,80km/h,碰撞角度20°。
(3)中型货车10t,80km/h,碰撞角度20°。

6.3.1 小客车碰撞

小客车碰撞护栏后,车辆没有穿越、翻越、骑跨、下穿护栏,车辆正常导出,行驶姿态正常,没有发生横转、掉头现象。车辆驶出角度为9.6°,车辆轮迹经过导向驶出框($A=4.7m$,$B=10m$)时,轮迹最远处与护栏的距离$X=3.5m$,满足边界要求。车辆碰撞过程中,护栏自身没有破坏现象,护栏构件无脱落且没有侵入车辆乘员舱,护栏最大动态变形量为398mm。见图6-18~图6-20。

a)初始状态

b)前部碰撞护栏

c)尾部碰撞护栏

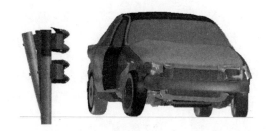
d)安全驶离护栏

图6-18 小客车运行过程

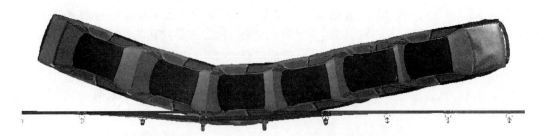

图 6-19 小客车运行轨迹

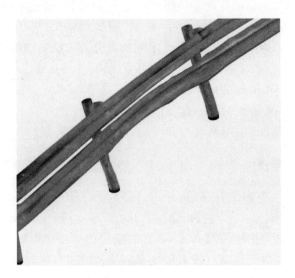

图 6-20 护栏应力云图

小型客车重心加速度纵向和横向分量的最大值分别为 $a_x = -89.6\text{m/s}^2$ 和 $a_y = 90.6\text{m/s}^2$，满足评价标准要求。根据重心加速度数据图 6-21，可计算出乘员碰撞速度纵向和横向分量分别为 $v_x = 5.5\text{m/s}$ 和 $v_y = -6.1\text{m/s}$，绝对值均小于 12m/s，符合标准要求。

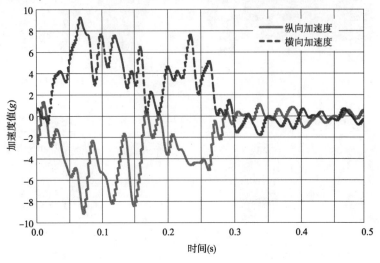

图 6-21 小型客车重心加速度曲线

6.3.2 中型客车碰撞

中型客车碰撞护栏后,车辆没有穿越、翻越和骑跨护栏,车辆正常导出,行驶姿态正常。车辆驶出角为 $7.5°$,车辆轮迹经过导向驶出框($A=8.7\text{m}, B=20\text{m}$)时,轮迹最远处与护栏的距离 $X=5.4\text{m}$,满足边界要求。车辆碰撞过程中,护栏自身没有破坏,没有侵入车辆内部,护栏的最大横向动态变形值为 1042mm。见图 6-22 ~ 图 6-24。

a) 初始状态　　　　　　　　　　b) 车辆头部碰撞

c) 车辆尾部碰撞护栏　　　　　　d) 车辆驶出

图 6-22　车辆行驶姿态

图 6-23　车辆驶出轨迹

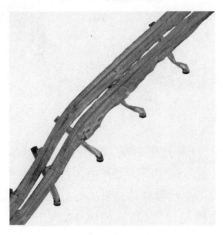

图 6-24　护栏应力变化云图

6.3.3 大型货车碰撞

大型货车碰撞护栏后,车辆没有穿越、翻越和骑跨护栏,车辆正常导出并二次碰撞护栏,行驶姿态正常。车辆驶出角度为 1.5°,二次碰撞角度为 8.6°,车辆轮迹经过导向驶出框 ($A=8.5m, B=20m$) 时,轮迹最远处与护栏的距离 $X=4.5m$,满足边界要求。车辆碰撞过程中,护栏自身无破坏,护栏构件没有侵入车辆乘员舱,护栏最大横向动态变形值为 710mm。见图 6-25 ~ 图 6-27。

图 6-25 车辆行驶姿态

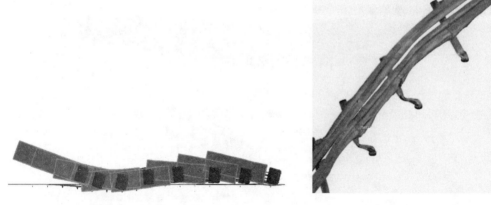

图 6-26 车辆驶出轨迹   图 6-27 护栏应力变化云图

通过以上计算机仿真模拟试验结果可见,SB 级双层双波护栏能够对小型客车、中型客车、中型货车进行有效防护。其实际安全防护性能还需要进行实车碰撞试验验证。

在大修养护工程中,建设单位和设计单位可以通过 SB 级双层双波护栏的结构将原有护栏提升至符合《公路护栏安全性能评价标准》(JTG B05-01—2013)的 SB 级防护等级,其结构形式如图 6-28 所示。

第6章 在用波形梁钢护栏提升方案实例

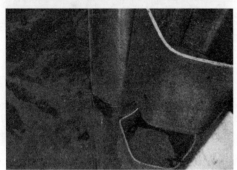

图 6-28 SB 级双层双波护栏

SB 级双层双波护栏改造方案的主要技术要点如下：

(1)保留护栏原有按照《公路护栏安全设施设计规范》(JTG D81—2006)设置的 A 级护栏立柱、护栏板和防阻块。

(2)在原有护栏 ϕ140mm 立柱加装 ϕ140mm 的增高套管，增高套管通过 ϕ114mm 的内套管连接，增高套管需将原有立柱高度提高至少 40cm。

(3)新增 1 根 ϕ140mm×4.5mm×2550mm 长立柱，使护栏的立柱间距由 4m 加密为 2m，立柱打入深度为 1.4m。

(4)新增 3 个 196mm×178mm×200mm×4mm 防阻块，分别安装于增高立柱的上部及新增长立柱的上部和下部，间距 40cm。其中下防阻块与原有护栏板连接。

(5)新增 1 块 4320mm×85mm×310mm×4mm 护栏板，安装在增高立柱和新增立柱的上防阻块上，与下层护栏板的横梁中心间距为 40cm。

为验证该护栏防护能力提升方案的有效性，委托相关试验机构进行了实车足尺碰撞试验，试验条件依据《公路护栏安全性能评价标准》(JTG B05-01—2013)中有关 SB 级护栏碰撞试验相关要求进行，见表 6-7。

SB 级实车足尺碰撞试验条件　　表 6-7

试验等级	试验条件				
	车辆类型	车辆质量(t)	车辆速度(km/h)	碰撞角度(°)	碰撞能量(kJ)
SB 级(四级)	小型客车	1.5	100	20	280
	中型客车	10	80		
	大型货车	18	60		

按照以上试验条件对 SB 级双层双波护栏防护能力提升技术方案进行实车足尺碰撞试验,车辆运行轨迹如图 6-29 所示。

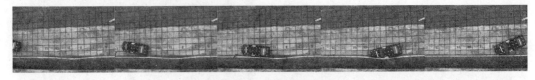

a)小型客车运行轨迹(由右至左)

b)中型客车运行轨迹(由左至右)

c)大型货车运行轨迹(由右至左)

图 6-29　车辆碰撞运行轨迹

碰撞试验后护栏损坏情况如图 6-30 所示。

a)小型客车碰撞后护栏损坏情况

b)中型客车碰撞后护栏损坏情况

图　6-30

c) 大型货车碰撞后护栏损坏情况

图6-30 碰撞后护栏

试验后车辆的阻挡功能和导向功能均符合《公路护栏安全性能评价标准》(JTG B05-01—2013)中有关A级实车足尺碰撞试验的要求,最大动态变形量等指标见表6-8。

实车足尺碰撞试验结果　　　　　　　　　　　　　　表6-8

检测项目	技术要求		检测结果	
			检测值	单项结论
1. 阻挡功能	车辆不得穿越、翻越和骑跨试验护栏	小型客车	符合要求	合格
		中型客车	符合要求	合格
		中型货车	符合要求	合格
	试验护栏构件及其脱离件不得侵入车辆乘员舱	小型客车	符合要求	合格
		中型客车	符合要求	合格
		中型货车	符合要求	合格
2. 导向功能	车辆碰撞后不得翻车	小型客车	符合要求	合格
		中型客车	符合要求	合格
		中型货车	符合要求	合格
	车辆碰撞后的轮迹应满足导向驶出框的要求	小型客车	符合要求	合格
		中型客车	符合要求	合格
		中型货车	符合要求	合格
3. 缓冲功能	乘员碰撞速度 $v_x \leqslant 12(m/s)$	小型客车	3.2	合格
	乘员碰撞速度 $v_y \leqslant 12(m/s)$		5.9	合格
	乘员碰撞后加速度 $a_x \leqslant 200(m/s^2)$		50.96	合格
	乘员碰撞后加速度 $a_y \leqslant 200(m/s^2)$		77.42	合格

续上表

检测项目	技术要求	检测结果	
		检测值	单项结论
4.护栏最大横向动态变形值 D(m)	小型客车	0.46	
	中型客车	0.95	
	中型货车	1.13	
5.护栏最大横向动态位移外延值 W(m)	小型客车	0.92	
	中型客车	1.05	
	中型货车	1.77	
6.车辆最大动态外倾值 VI(m)	中型客车	1.25	
	中型货车	1.60	
7.车辆最大动态外倾当量值 VI_n(m)	中型客车	1.80	
	中型货车	1.87	

SB级双层双波护栏提升技术方案的使用注意事项如下。

(1)原有护栏横梁中心高度。

SB级双层双波护栏的下层护栏板高度对其整体安全防护性能有较大影响,改造后下层护栏板横梁中心高度应保持在60cm±2cm范围内。

当下层护栏板高度不足时,可采用增高套管或不对称孔防阻块将下层护栏板高度提升至符合要求。而改造后的上层板横梁中心高度应保持在100cm±2cm范围内。

(2)SB级双层双波护栏的适用性。

SB级双层双波护栏实车足尺碰撞试验中,使用的原有护栏立柱和新增长立柱的直径均为140mm,护栏板与立柱之间使用六角形防阻块进行连接。当现场护栏情况与本提升改造技术方案不一致时,应另行选择其他改造设计方案并进行实车足尺碰撞试验验证方可使用。

(3)SB级双层双波护栏在改扩建工程中的应用。

SB级双层双波护栏适用于按照《公路护栏安全设施设计规范》(JTG D81—2006)设置的A级护栏和按照《高速公路交通安全设施设计及施工技术规范》(JTJ 074—1994)设置的ϕ140mm立柱波形梁护栏,可用于中分带或路侧。《公路护栏安全设施设计规范》(JTG D81—2006)的护栏改造提升对原有护栏有较高的再利用率,而《高速公路交通安全设施设计及施工技术规范》(JTJ 074—1994)的护栏提升改造仅可对原有护栏立柱进行再利用,利用率较低。

6.4　D81 A级2m间距波形梁钢护栏提升至D81 SB级

2006年之后设计的高速公路和一级公路均是按照《公路护栏安全设施设计规范》(JTG D81—2006)设置的,A级护栏的基本结构形式如图6-31所示,在部分路侧较为危险的路段,护栏立柱间距为2m。

《公路护栏安全设施设计规范》(JTG D81—2006)中ϕ140mm立柱波形梁护栏由护栏板、立柱、防阻块和螺栓组成,其主要构件参数见表6-9。

JTG D81—2006 波形梁护栏主要构件参数　　　　　　　表6-9

构件名称	A级护栏
护栏板	4320mm×310mm×85mm×4mm
立柱	φ140mm×2150mm×4.5mm
连接件	防阻块178mm×200mm×4.5mm
立柱间距	2m

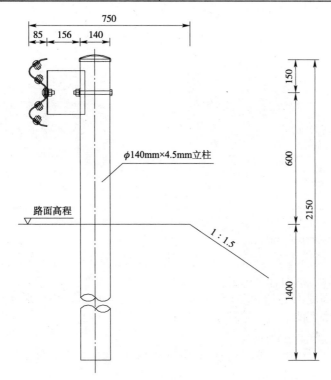

图6-31　JTG D81—2006 规范A级波形梁护栏(尺寸单位:mm)

高速公路验收通车以后,部分路段的交通组成和流量会发生较大的变化,之前设计的A级2m间距双波护栏可能会不满足现行公路运营条件的防护需求,需要对其防护性能进行提升。拆除原有护栏设置新的高等级护栏不仅容易造成浪费,对原有护栏立柱基础造成破坏,施工新的护栏还需要提前对基础进行重新修复,工程时间较长,增加施工期的交通组织费用。因此可以考虑再利用原有护栏,在原有护栏基础之上增加或调整构件,以达到使其防护等级提升的目的。

为提升护栏防撞能力,可将其改造成三波护栏:①保留护栏原有按照《公路护栏安全设施设计规范》(JTG D81—2006)设置的A级护栏2m间距立柱,拆除原有双波护栏板和防阻块。②在原有护栏立柱上加装增高套管。③新增1个新型防阻块,安装于增高立柱上。④新增1块三波护栏板,安装在新型防阻块上。通过采用有限元仿真分析方法对该改造结构进行了安全性能评价,碰撞条件如下:

(1)小客车1.5t,100km/h,碰撞角度20°。

(2)中型客车10t,80km/h,碰撞角度20°。

(3) 中型货车 10t,80km/h,碰撞角度 20°。

6.4.1 小客车碰撞

小客车碰撞护栏后,车辆没有穿越、翻越、骑跨、下穿护栏,车辆正常导出,行驶姿态正常,没有发生横转、掉头现象。车辆驶出角度为 2.8°,车辆轮迹经过导向驶出框($A=4.7$m,$B=10$m)时,轮迹最远处与护栏的距离 $X=2.8$m,满足边界要求。车辆碰撞过程中,护栏自身没有破坏现象,护栏构件无脱落且没有侵入车辆乘员舱,护栏最大动态变形量为 743mm。见图 6-32、图 6-33。

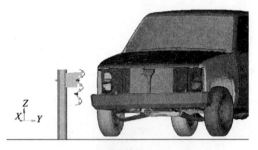
a) 初始状态

b) 前部碰撞护栏

c) 尾部碰撞护栏

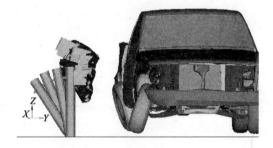
d) 安全驶离护栏

图 6-32 小客车运行过程

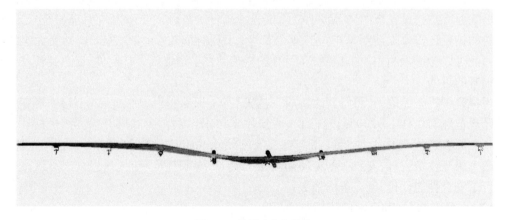

图 6-33 护栏动态变形量

6.4.2 中型客车碰撞

中型客车碰撞护栏后,车辆没有穿越、翻越和骑跨护栏,车辆正常导出,行驶姿态正常。车辆驶出角为 5.8°,车辆轮迹经过导向驶出框($A=8.7\mathrm{m}$,$B=20\mathrm{m}$)时,轮迹最远处与护栏的距离 $X=5.6\mathrm{m}$,满足边界要求。车辆碰撞过程中,护栏自身没有破坏,没有侵入车辆内部,护栏的最大横向动态变形值为 1270mm。见图 6-34、图 6-35。

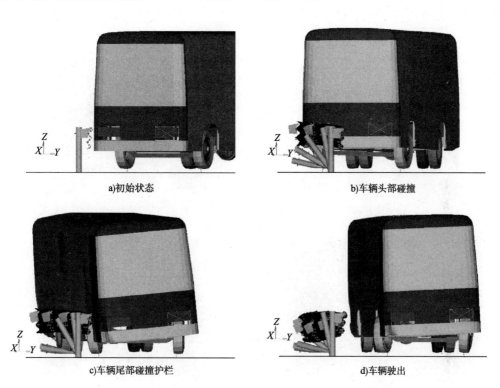

图 6-34 车辆行驶姿态

图 6-35 护栏动态变形量

6.4.3 大型货车碰撞

大型货车碰撞护栏后,车辆没有穿越、翻越和骑跨护栏,车辆正常导出并二次碰撞护栏,行驶姿态正常。车辆驶出角度为 5.38°,车辆轮迹经过导向驶出框($A=8.5\mathrm{m}$, $B=20\mathrm{m}$)时,轮迹最远处与护栏的距离 $X=4.3\mathrm{m}$,满足边界要求。车辆碰撞过程中,护栏自身无破坏,护栏构件没有侵入车辆乘员舱,护栏最大横向动态变形值为1420mm。见图6-36、图6-37。

a) 初始状态

b) 车辆头部碰撞

c) 车辆尾部碰撞护栏

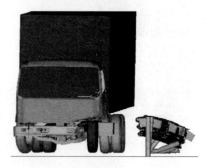
d) 车辆驶离护栏

图 6-36 车辆行驶姿态

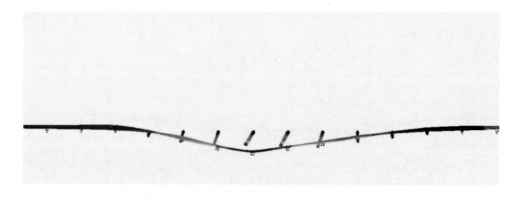

图 6-37 护栏动态变形量

通过以上计算机仿真模拟试验结果可见,SB 级三波护栏能够对小型客车、中型客车、中型货车进行有效防护。其实际安全防护性能还需要进行实车碰撞试验验证。

在大修养护工程中,建设单位和设计单位可以通过 SB 级 4mm 三波护栏的结构将原有护栏提升至符合《公路护栏安全性能评价标准》(JTG B05-01—2013)的 SB 级防护等级,其结构形式如图 6-38 所示。

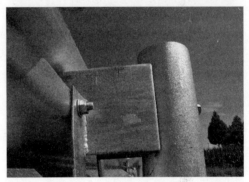

图 6-38　SB 级 4mm 三波护栏

SB 级 4mm 三波护栏改造方案的主要技术要点:

(1)保留护栏原有按照《公路护栏安全设施设计规范》(JTG D81—2006)设置的 A 级护栏 2m 间距立柱,拆除原有双波护栏板和防阻块。

(2)在原有护栏 φ140mm 立柱加装 φ156mm 的增高套管,增高套管需将原有立柱高度提高至少 20cm。

(3)新增 1 个新型防阻块,安装于增高立柱上。

(4)新增 1 块 4320mm×85mm×310mm×4mm 护栏板,安装在新型防阻块上,护栏板安装完成后与竖直立面夹角为 6°。

为验证该护栏防护能力提升方案的有效性,委托相关试验机构进行了实车足尺碰撞试验,试验条件依据《公路护栏安全性能评价标准》(JTG B05-01—2013)中有关 SB 级护栏碰撞试验相关要求进行,见表 6-7。

按照以上试验条件对 SB 级 4mm 三波护栏防护能力提升技术方案进行实车足尺碰撞试验,车辆运行轨迹如图 6-39 所示。

a) 小型客车运行轨迹(由右至左)

b) 中型客车运行轨迹(由左至右)

c) 大型货车运行轨迹(由右至左)

图 6-39　车辆碰撞运行轨迹

碰撞试验后护栏损坏情况如图 6-40 所示。

a) 小型客车碰撞后护栏损坏情况

b) 中型客车碰撞后护栏损坏情况

图　6-40

c) 大型货车碰撞后护栏损坏情况

图 6-40 碰撞后护栏

试验后车辆的阻挡功能和导向功能均符合《公路护栏安全性能评价标准》(JTG B05-01—2013)中有关 SB 级实车足尺碰撞试验的要求,最大动态变形量等指标见表 6-10。

实车足尺碰撞试验结果 表 6-10

检测项目	技术要求		检测结果	
			检测值	单项结论
1. 阻挡功能	车辆不得穿越、翻越和骑跨试验护栏	小型客车	符合要求	合格
		中型客车	符合要求	合格
		中型货车	符合要求	合格
	试验护栏构件及其脱离件不得侵入车辆乘员舱	小型客车	符合要求	合格
		中型客车	符合要求	合格
		中型货车	符合要求	合格
2. 导向功能	车辆碰撞后不得翻车	小型客车	符合要求	合格
		中型客车	符合要求	合格
		中型货车	符合要求	合格
	车辆碰撞后的轮迹应满足导向驶出框的要求	小型客车	符合要求	合格
		中型客车	符合要求	合格
		中型货车	符合要求	合格
3. 缓冲功能	乘员碰撞速度 $v_x \leq 12(m/s)$	小型客车	5.7	合格
	乘员碰撞速度 $v_y \leq 12(m/s)$		0.8	合格
	乘员碰撞后加速度 $a_x \leq 200(m/s^2)$		100.94	合格
	乘员碰撞后加速度 $a_y \leq 200(m/s^2)$		76.44	合格

续上表

检测项目	技术要求		检测结果	
			检测值	单项结论
4. 护栏最大横向动态变形值 $D(m)$		小型客车	0.58	
		中型客车	1.92	
		中型货车	1.54	
5. 护栏最大横向动态位移外延值 $W(m)$		小型客车	1.02	
		中型客车	2.10	
		中型货车	1.81	
6. 车辆最大动态外倾值 $VI(m)$		中型客车	2.20	
		中型货车	1.84	
7. 车辆最大动态外倾当量值 $VI_n(m)$		中型客车	2.37	
		中型货车	2.62	

SB 级 4mm 三波护栏提升技术方案的使用注意事项如下。

(1)原有护栏横梁中心高度。

使用 SB 级 4mm 三波护栏改造方案时,如原有护栏高度不满足 60cm±2cm 条件,可通过增高套管对其进行增高,增高后的增高立柱螺孔至路面高度应为 70cm±2cm。

(2)SB 级 4mm 三波护栏的适用性。

SB 级 4mm 三波护栏实车足尺碰撞试验中,使用的原有护栏立柱直径为 140mm,立柱打入深度为 1.4m。当现场护栏情况与本提升改造技术方案不一致时,应另行选择其他改造设计方案并进行实车足尺碰撞试验验证方可使用。

(3)SB 级 4mm 三波护栏在改扩建工程中的应用。

SB 级 4mm 三波护栏改造方案适用于按照《公路护栏安全设施设计规范》(JTG D81—2006)设置的 A 级护栏,可用于中分带或路侧。当原有护栏立柱间距为 4m 时可选择加密立柱间距为 2m 后对其进行改造。SB 级 4mm 三波护栏改造方案对原有护栏的利用率较低,可选择与其他改造方案配合使用来提高护栏的再利用率。该方案较适用于有护栏防护能力提升需求且原有护栏立柱不宜拔出的路段。

参 考 文 献

[1] 公安部交通管理局.中华人民共和国道路交通事故统计年报(2002~2015年度)[R].
[2] 交通运输部公路科学研究院.2015年中国道路交通安全蓝皮书[M].北京:人民交通出版社股份有限公司,2016.
[3] A Ali,A Yücel,M Erdem. Crash Testing and Evaluation of a New Generation L1 Containment Level Guardrail[J]. Engineering Failure Analysis,2014(38):25-27.
[4] Wu W,Thomson R A study of the interaction between a guardrail post and soil during quasi-static and dynamic loading[J]. International Journal of Impact Engineering,2007(34):883-898.
[5] Z Ren,M Vesenjak. Computational and experimental crash analysis of the road safety barrier [J]. Engineering Failure Analysis,2005(12):963-973.
[6] 中华人民共和国行业标准.JTG B05-01—2013 公路护栏安全性能评价标准[S].北京:人民交通出版社,2013.
[7] 中华人民共和国行业标准.JTG D81—2006 公路交通安全设施设计规范[S].北京:人民交通出版社,2006.
[8] 中华人民共和国行业标准.JTG/T D81—2006 公路交通安全设施设计细则[S].北京:人民交通出版社,2006.
[9] 中华人民共和国行业标准.JTJ 074—1994 高速公路交通安全设施设计及施工技术规范[S].北京:人民交通出版社,1994.
[10] 中华人民共和国行业标准.JTU/T F83-01—2004 高速公路护栏安全性能评价标准[S].北京:人民交通出版社,2004.
[11] 中华人民共和国国家标准.GB 11551—2003 乘用车正面碰撞的乘员保护[S].北京:中国标准出版社,2003.
[12] EUROPEAN STANDARD BS EN 1317-1:2010 Road Restraint Systems. Part1:Terminology and General Criteria for the Test Methods CEN 2010.
[13] EUROPEAN STANDARD BS EN 1317-2:2010 Road Restraint Systems. Part2:Performance Classes,Impact Test Acceptane Criteria and Test Methods for Safety Berriers Including Vehicle Parapets CEN 2010.
[14] EUROPEAN STANDARD BS EN 1317-3:2010 Road Restraint Systems. Part2:Performance Classes,Impact Test Acceptane Criteria and Test Methods for Safety Berriers CEN 2010.
[15] American Association of State Highway and Transportation Officials. Manual for Assessing Safety Hardware,2009.
[16] (社)日本道路協会.防護柵の設置基準・同解説[M].2008.
[17] Ross H E,Sicking D L,Zimmer R A,Michie J D. Recommended Procedures for the Safety Perormance Evaluation of Highway Features. NCHRP Report 350. Transportation Rwsearch Board,Washington,D. C. 1993.

[18] 中华人民共和国国家标准.GB/T 12538—2003.汽车重心高度测定方法[S].北京:中国标准出版社,2003.

[19] 中华人民共和国行业标准.JT/T 281—2007.公路波形梁钢护栏[S].北京:人民交通出版社,2007.

[20] 中华人民共和国行业标准.CJJ 37—2012 城市道路工程设计规范[S].北京:中国建筑工业出版社,2012.

[21] LSTC.LS-DYNA KEYWORDS USERS MANUAL[M].USA,2007.

[22] 谢新宇,刘开富,张继发.边坡及基础工程数值分析新进展[M].北京:科学出版社,2010.

[23] 雷正保,杨兆.三波护栏的耐撞性研究[J].公路交通科技,2006(7):130-135.

[24] 邰永刚,张绍理,高水德.高防护等级钢护栏改造方案研究[J].公路工程,2009(2):140-143.

[25] 侯德藻,李勇,杨曼娟,等.高速公路组合型波形板活动式钢护栏开发[J].公路交通科技,2011(9):136-141.

[26] 龙科军,李寅,雷正保,等.基于加速度严重指数的公路路侧危险度评估[J].中国公路学报,2013(3):143-149.

[27] 闫书明,陈冠雄,刘航.几种改进的波形梁护栏的碰撞分析[J].公路工程,2016(2):167-171.

[28] 刘栓,孙虎元,范汇吉,等.镀锌钢腐蚀行为的研究进展[J].材料保护,2012(12):42-45.

[29] 赵康文,刘明明,刘福春,等.热镀锌钢板在模拟酸雨环境下的腐蚀演变规律[J].腐蚀科学与防护技术,2013(5):377-381.

[30] 钟西舟,王振尧,刘艳洁,等.镀锌钢在模拟海洋大气环境下的腐蚀行为[J].中国腐蚀与防护学报,2015(2):151-155.

[31] 李勇,杨润林.地基土体对货车与波形梁护栏碰撞效应的影响[J].工程科学学报,2016(4):589-594.

[32] 邰永刚,邓宝,葛书芳.波形梁护栏连接件缺失对防撞性能的影响研究[J].公路工程,2014(5):110-113.

[33] 雷正保,谢玉洪,李海侠.大变形结构的耐撞性[M].长沙:国防科技大学出版社,2005.

[34] 罗嘉运.岩土工程与路基[M].北京:中国铁道出版社,2005.

[35] 刘建坤,曾巧玲,侯永峰.路基工程[M].北京:中国建筑工业出版社,2006.

[36] 沙爱民.半刚性路面材料结构与性能[M].北京:人民交通出版社,1998.

[37] 钱振东,张磊,陈磊磊.路面结构动力学[M].南京:东南大学出版社,2010.

[38] 贺李平,肖介平,龙凯.ANSYS 14.5 与 HyperMesh 12.0 联合仿真有限元分析[M].北京:机械工业出版社,2014.

[39] 王泽鹏,胡仁喜,康士廷,等.ANASYS 13.0/LS-DYNA 非线性有限元分析实例指导教程[M].北京:机械工业出版社,2011.

[40] 金英玉,杨兆华.弹塑性力学[M].北京:地质出版社,2010.

[41] 李裕春,时党勇,赵远.ANSYS 11.0/LS-DYNA 基础理论与工程实践[M].北京:中国水利水电出版社,2008.

[42] 胡仁喜,康士廷.ANSYS 13.0 土木工程有限元分析从入门到精通[M].北京:机械工业出版社,2012.

[43] 展迪优.UG NX 8.0 快速入门教程[M].北京:机械工业出版社,2013.

[44] 胡仁喜,康士廷,等.UG NX 8.0 动力学与有限元分析从入门到精通[M].北京:机械工业出版社,2012.

[45] 胡高贤.土基对波形梁护栏安全性能影响的仿真研究[D].长沙:湖南大学,2007.

[46] 刘文斌.高速公路单坡面中央分隔带混凝土护栏开发应用研究[D].北京:北京工业大学,2004.

[47] 田东翔.汽车与波形梁护栏碰撞仿真研究[D].西安:长安大学,2012.

[48] 毛娟娟.客车与半刚性护栏碰撞的有限元分析与模拟[D].大连:大连理工大学,2008.

[49] 姚伟.汽车与交通安全设施的碰撞事故分析及仿真研究[D].合肥:合肥工业大学,2010.

[50] 申杰,金先龙,陈建国.汽车碰撞护栏事故再现方法[J].振动与冲击,2007(5):34-37.

[51] 黄红武,刘正恒,等.基于计算机仿真的汽车与高速公路护栏碰撞事故的分析与研究[J].湖南大学学报(自然科学版),2002,29(6):42-47.

[52] 谢素超,高广军.薄壁结构吸能预测的多元非线性回归分析[J].应用基础与工程科学学报,2010,18(4):714-721.

[53] 王成虎,陈晖,姜超,等.双层双波护栏计算机仿真模拟性能研究[C]//2013 年交通信息与安全国际学术会议论文集.美国土木工程协会,2013:215-222.

[54] 侯德藻,袁玉波,杨曼娟,等.在用桥梁护栏安全性能改进方法研究[J].公路交通科技,2010,27(5):110-106.

[55] 高玉恒,贾宁,高水德,等.国外公路护栏乘员风险评价技术现状与分析[J].中外公路,2011,31(6):282-285.

[56] 闫书明.有限元仿真方法评价护栏安全性能的可行性[J].振动与冲击,2011,30(1):152-156.

[57] 陈晖,姜超,丁旭东,等.波形梁钢护栏升级改造技术研究[J].中外公路,2016,36(2):331-334.

[58] 邰永刚,邓宝,葛书芳.波形梁护栏连接件缺失对防撞性能的影响研究[J].公路工程,2014,39(5):110-113.

[59] 沈新普,郭丽丽.波形梁半刚性护栏与汽车碰撞的仿真[J].沈阳工业大学学报,2008,30(4):472-476.

[60] 贾宁,刘航.波形梁护栏基础埋置方式研究[J].公路,2015,2(2):208-211.

[61] 郑颖人,高红.材料强度理论的讨论[J].广西大学学报(自然科学版),2008,33(4):337-345.

[62] 高红,郑颖人.材料屈服与破坏的探索[J].岩石力学与工程学报,2005,25(12):2515-2522.

[63] 高红,郑颖人.岩土材料能量屈服准则研究[J].岩石力学与工程学报,2007,26(12):2437-2443.

[64] 李建伟,李铮.单波梁钢护栏创新设计与应用[J].科学技术与工程,2010,10(21):5334-5339.

[65] 杨璐,陈德龙.防护栏支柱—地基的弹簧模型分析[J].岩土工程学报,2013,35(7):432-433.

[66] 卫军,金秀娜.波形梁护栏结构参数对防撞性能的影响[J].武汉理工大学学报,2013(4):1671-4431.

[67] 葛书芳.防撞垫及其在高速公路中的应用[J].武汉:公路交通科技,2003,20(1).

[68] 谢妮,邹维列.黄土路基边坡降雨响应的试验研究[J].四川大学学报(工程科学版),2009,41(7):31-36.

[69] 徐远杰,楚锡华.Lode 角对应力张量偏导数的基本性质[J].固体力学学报,2013,33(3):296-301.

[70] 刘英,于立宏.Mohr-Coulomb 屈服准则在岩土工程中的应用[J].世界地质,2010,29(4):633-639.

[71] 谢素超,高广军.薄壁结构吸能预测的多元非线性回归分析[J].应用基础与工程科学学报,2010,18(4):714-721.

[72] 贾宁,刘航.波形梁护栏基础埋置方式研究[J].公路.2015,2(2):208-211.

[73] 郑颖人,高红.材料强度理论的讨论[J].广西大学学报(自然科学版),2008,33(4):337-345.

[74] 高红,郑颖人.材料屈服与破坏的探索[J].岩石力学与工程学报,2005,25(12):2515-2522.